*Inés de la Encarnación*

# Vida de la Madre Inés de la Encarnación

*edición crítica*
*Eleanor Marsh*

- STOCKCERO -

1st. Stockcero edition: 2012

ISBN: 978-1-934768-54-9

Library of Congress Control Number: 2012943212



Set in Linotype Granjon font family typeface
Printed in the United States of America on acid-free paper.

Published by Stockcero, Inc.
3785 N.W. 82nd Avenue
Doral, FL 33166
USA
stockcero@stockcero.com

www.stockcero.com

*Inés de la Encarnación*

# Vida de la Madre Inés de la Encarnación

# Índice General

# Breve estudio preliminar

## Inés de la Encarnación y la autobiografía espiritual femenina

### ¿Quién fue Inés de la Encarnación?

La fuente principal de noticias sobre la existencia y las experiencias vitales de la monja mística española conocida como Inés de la Encarnación (c. 1564-1634) es una narración autobiográfica que ella misma le dictó a Catalina de Jesús, la Madre Superiora del convento de Agustinas Recoletas de Nuestra Señora de la Encarnación en Valladolid. [1] En este relato, Inés López Meléndez cuenta que nació en el pueblo de Genestosa, en las montañas de la región de León, por el año 1564. Hija de unos ganaderos de vacas que quedaron en la pobreza, Inés sintió desde muy temprana edad una profunda vocación a la vida religiosa y percibió su primer encuentro místico con Cristo a los cinco años. Para los nueve, la niña había quedado huérfana y tuvo que recurrir a la limosna y a diversos oficios para sobrevivir, entre ellos pastora de ovejas, niñera, y sirvienta de una sucesión de señoras adineradas. Sin embargo, Inés nunca abandonó su anhelo de convertirse en monja en una sociedad en la que las mujeres –no sólo para casarse sino también para ingresar al convento– necesitaban contar con recursos económicos suficientes para pagar una dote. Es así como, por años y bajo la dirección espiritual constante de sus confesores, Inés intentó realizar su vocación por medio de una serie de prácticas devotas tales como la oración, la asistencia asidua a misa, el ayuno y diversas formas de autocastigo corporal que armonizaba con la realización de las tareas domésticas para las señoras a quienes servía.

Afortunadamente, existía en la España de la época otro camino que Inés pudo tomar para canalizar su vocación religiosa: vivir como beata. Las beatas eran mujeres devotas que llevaban una vida cuasi-

1 Isabelle Poutrin. *Le voile et la plume: Autobiographie et sainteté féminine dans l'Espagne moderne*. (Madrid: La casa de Velázquez, 1995), 426.

monjil –por lo general en el mundo fuera del convento– dedicada a la oración y a obras de caridad. La vida de beata era una opción viable para mujeres con vocación de monja pero que por carecer de medios económicos o por sufrir de enfermedades crónicas no serían aceptadas fácilmente en un convento. Asimismo, servía como estado de transición para quienes estaban a la espera de la oportunidad de unirse a una comunidad de monjas.[2] Algunas beatas adquirían fama de consejeras espirituales y morales, llegando a intervenir –de manera similar a miembros del clero– en asuntos delicados referentes a la moral doméstica o sexual.[3] Algunas beatas de personalidad imponente o grandes dotes persuasivas incluso lograban atraer a círculos de seguidores a quienes guiaban como a su rebaño espiritual. En teoría, estas mujeres no estaban sujetas de manera oficial a una orden religiosa, aunque solían vestirse con hábitos y seguir voluntariamente la forma de vida de la orden de su elección. Podían vivir en casas de parientes, solas, o en grupo con otras beatas. Todavía mientras trabajaba como sirvienta, Inés hizo votos –incluso más estrictos– que los que haría una monja al ingresar a un convento. Explica ella que «Hice cuatro Votos. De Obediencia, Pobreza, Castidad, y de no comer carne, huevos, leche, ni queso».[4] También sugiere que estaba vinculada a un grupo de otras dieciséis beatas a las que llama sus compañeras.

Como beata, Inés desempeñaba muchas de las labores de lo que hoy llamaríamos una consejera de crisis y una trabajadora social. Según las anécdotas que narra en su relato autobiográfico, se dedicó a la prevención de suicidios, a brindar consejos espirituales y asistencia práctica a personas que atravesaban por situaciones de crisis debido a su conducta sexual, a socorrer a madres desesperadas y, en general, a «consolar a los que me buscaban». También les proporcionaba vivienda a los necesitados, buscaba empleo a mujeres en riesgo de perder su honra, y abogaba por individuos pobres encarcelados injustamente. No obstante, una de las actividades más destacadas a lo largo de su relato es su labor como recaudadora de fondos. Inés describe en detalle las vicisitudes que pasó para obtener donativos y el apoyo de patrocinadores para la fundación de conventos de Agustinas Recoletas en Valladolid y en Palencia así como también para financiar el ingreso de numerosas jóvenes pobres en distintas comunidades religiosas.

---

2 Poutrin, *Le voile* 47.

3 Ibid. 49.

4 Véase la presente edición de la *Vida de la Madre Inés de la Encarnación*, 15.

Cabe preguntarse por qué, si Inés tenía contactos con gente acaudalada y facilidad para obtener dinero para que otras mujeres pudieran entrar al convento, no consiguió antes el patrocinio necesario para entrar monja ella misma. La explicación que ella ofrece ilustra cualidades esenciales de una religiosa ejemplar: fe inquebrantable, espíritu de sacrificio por el prójimo, y obediencia. Su capacidad de pensar en el bien de los demás antes que en el suyo propio se pone de manifiesto cuando Inés cuenta que Cristo le ayudó a conseguir fondos para ayudar a sus «Compañeras, dándome con qué entrar tres dellas Religiosas»[5] y, más adelante afirma que «siendo yo tan pobre ... me hizo merced de que entrase Monjas trece Doncellas pobres en diferentes conventos».[6] De hecho, en más de una ocasión, estuvo Inés a punto de realizar su anhelo de ser monja, pero hubo de postponer su ingreso al claustro, pues, según cuenta, percibió mensajes de Cristo mismo indicándole que todavía no era el momento. Así describe Inés un encuentro místico ocurrido tras recibir la Eucaristía: «Estando ya hecho el concierto para tomar el Hábito de Monja en Valladolid oí una voz que me dijo: ¿Por qué me dejas solo? Dióseme a entender que por entonces no quería el Señor me entrase Monja».[7] Asimismo, cuando esta mujer, ya desesperada y dispuesta a hacer cualquier cosa por servir a Dios, intentó realizar su vocación por medios menos convencionales –e incluso bastante arriesgados– sería la obediencia a su confesor lo que la detendría. Cuenta Inés que estaba decidida a viajar a Inglaterra con la polémica y fervorosa Luisa de Carvajal para colaborar en su campaña de predicación a los protestantes,[8] pero finalmente no lo hizo porque «Halléme constante para obedecer al P. Luis de la Puente, que su consejo aseguraba el buen suceso; no me dio licencia.» [9]

No sería hasta finales de octubre de 1611 que Inés López Meléndez, a los 47 años de edad y adoptando el nombre religioso Inés de la Encarnación, por fin ingresaría como novicia al convento de Agustinas Recoletas de Nuestra Señora de la Encarnación en Valladolid. Éste era precisamente uno de los conventos que se había fundado –en 1606– gracias en parte a sus esfuerzos de recaudación de

5 Ibid 19.
6 Véase la presente edición de la *Vida de la Madre Inés de la Encarnación*, 49.
7 Ibid. 36.
8 Sobre Luisa de Carvajal y Mendoza, véase la nota 148 en la presente edición.
9 Véase la presente edición de la *Vida de la Madre Inés de la Encarnación*, 29.

fondos. En 1627, siguiendo las órdenes de sus confesores, la Madre Inés comenzó a redactar una narración de la historia de su vida y sus experiencias místicas. El relato, dictado a la Madre Superiora del convento,[10] se terminó en 1634 tan solo un par de meses antes de la muerte de Inés, ocurrida en abril de ese mismo año.

La autobiografía de esta religiosa se conservó en forma manuscrita en un documento titulado «De la Vida de la Madre Inés de la Encarnación. Contiene la narración que de ella hizo la mesma sierva de Dios de orden y obediencia de sus confesores». A su vez, este texto forma parte del manuscrito de un libro, una biografía de la monja compuesta por una anónima compañera de su convento con el típicamente dilatado título de *Vida de la Venerable Virgen Madre Ynés de la Encarnación Religiosa en el Convento de Nuestra Señora de la Encarnación Recoletas de nuestro Padre San Agustín. Por una indigna recoleta hija del mesmo convento de la Encarnación en la Ciudad de Valladolid.* El manuscrito de este libro, con notas explicativas de carácter teológico del catedrático de la Universidad de Salamanca Fray Manuel Duque, incluía documentos y permisos necesarios para publicarse, fechados en 1677, y estaba listo para la imprenta. [11] Hasta el momento, no se sabe si dicho libro llegó a imprimirse. Sin embargo, el relato autobiográfico de Inés de la Encarnación sí llegó a publicarse en 1690 inserto dentro de otro libro, el *Esclarecido solar de las Religiosas Recoletas de Nuestro Padre San Agustín y vidas de las insignes hijas de sus Conventos* del teólogo agustino Alonso de Villerino. Esta obra, publicada en tres tomos entre 1690 y 1695, es una crónica del establecimiento de los monasterios femeninos de la Recolección Agustina en la Península Ibérica y sus territorios de ultramar en la que además de describirse las circunstancias de cada fundación se incluyen reseñas biográficas de las monjas más conocidas de los respectivos conventos. El relato inserto en el *Esclarecido solar* viene precedido de un breve ca-

10 El hecho de que Inés de la Encarnación le dictara su relato autobiográfico a otra monja en lugar de escribirlo ella misma parece haber llevado a algunas investigadoras a subrayar la poca cultura académica de esta mujer y a sugerir e incluso afirmar que era analfabeta. Véase al respecto Poutrin, *Le voile* 311; Sonja Herpoel «Inés de la Encarnación y la autobiografía por mandato». Jules Wicker y Alan Deyermond, eds. *Actas del XII Congreso de la Asociación Internacional de Hispanistas.* Tomo II. (Birmingham: University of Birmingham, 1998), 285, 290. El que Inés redactara su obra con la ayuda de una escriba no es de extrañar teniendo en cuenta su avanzada edad en el momento de la creación del texto. Aunque sí es muy posible que Inés no supiera escribir, su analfabetismo no tiene por qué ser necesariamente un hecho. Al respecto, véase la nota 101 de la presente edición.

11 Poutrin, *Le voile*, 426.

pítulo introductorio del mismo Villerino. La narración en primera persona de Inés de la Encarnación está dividida en 24 capítulos en los cuales la monja relata sus vivencias terrenales y espirituales desde su temprana infancia hasta muy poco antes de su muerte. Las descripciones de sus experiencias de la vida cotidiana como niña y mujer trabajadora y como beata se entretejen con recreaciones de sus encuentros visionarios con Cristo, la Virgen María y varios santos. También incluye Inés un pequeño tratado de mística, en el cual describe –usando metáforas acuáticas– cinco distintos estados de oración y contemplación que forman el proceso de unir el alma con la Divinidad. El relato culmina con un capítulo escrito por una compañera de convento de la Madre Inés, en el cual se describen las circunstancias de su muerte y se dan algunos detalles sobre su funeral.

Para poder aproximarse al texto de la *Vida* de la Madre Inés y explorarlo a fondo conviene examinar brevemente tres preguntas clave sobre ese género de escritura que se ha venido a llamar «Vidas de monjas» o «autobiografía espiritual femenina»: ¿Qué es la autobiografía espiritual femenina? ¿Dónde se sitúa la *Vida de la Madre Inés de la Encarnación* dentro de la historia de este género en la España de su época? y ¿cuáles son algunos de los rasgos representativos de este género?

## La autobiografía espiritual femenina: Cronología general y algunas características representativas

La autobiografía espiritual femenina de la España de la temprana Edad Moderna es un (sub)género literario que surge y florece en los siglos XVI y XVII, siguiendo como modelo el *Libro de la Vida* de Santa Teresa de Ávila o de Jesús, obra compuesta en su forma definitiva entre 1564 y 1565 y publicada en 1588. La investigadora Sonja Herpoel ha rastreado el nacimiento y la evolución de este género –que ella denomina «autobiografía por mandato»– entendido como un tipo de obra autobiográfica escrita por una monja o beata bajo presión de sus directores espirituales masculinos. Según este enfoque de carácter feminista, la escritura de obras autobiográficas por religiosas en los conventos españoles de la temprana Edad Moderna se ve como un acto de obediencia a las órdenes de sus confesores. Se subraya la importancia del control que los directores espirituales y otros eclesiásticos masculinos ejercían sobre las monjas místicas y visionarias para intentar evitar el desarrollo y la difusión de creencias heterodoxas o heréticas. Por lo tanto, se destaca la ommipresencia amenazante de la Inquisición y las estrategias de estas mujeres para protegerse de ella.[12] Asimismo, el encargo y la publicación de las autobiografías espirituales de monjas y beatas ejemplares se considera un mecanismo para facilitar el control social del pueblo en una época en la que proliferan las sectas heterodoxas y cuasi-religiosas, muchas de ellas vinculadas a mujeres.[13] Además de destacarse el valor de las Vidas de monjas como modelos de comportamiento religioso dentro y fuera de los conventos, se explora su valor como pruebas en dos tipos de procesos judiciales de carácter opuesto: Por un lado, estas autobiografías espirituales podían servir como testimonio en defensa de ciertas visionarias involucradas en juicios inquisitoriales. Por otro, las Vidas, al documentar la conducta santa de sus protagonistas, servían para nutrir los voluminosos expedientes de los procesos de beatificación o canonización.[14]

Al trazar la evolución de la autobiografía espiritual femenina, Herpoel distingue tres etapas. Como sería de esperarse, las primeras seguidoras genérico-literarias de Teresa de Ávila son también sus compañeras de orden. Esta fase inicial del fenómeno se caracteriza por textos de carmelitas descalzas redactados durante las dos últimas décadas del siglo XVI. Sus autoras-protagonistas, algunas de ellas parientes biológicas de Santa Teresa, vivieron de cerca la reforma de la Orden Carmelita y colaboraron con la Madre Fundadora. [15] Una segunda etapa, que abarca de 1606 a 1624, se caracteriza por «una explosión de manuscritos».[16] Es entonces cuando la producción de autobiografías por mandato se extiende a otras órdenes religiosas. Sin embargo, el interés de estos textos del primer cuarto del siglo XVII

12 Herpoel, Sonja. *A la zaga de Santa Teresa: Autobiografías por mandato*. (Amsterdam: Rodopi, 1999), 15-17. Herpoel, Sonja. «Bajo la amenaza de la inquisición: escritoras españolas en el Siglo de Oro". Gosman, Martin y Hub. Hermans, eds. *España, teatro y mujeres: Estudios dedicados a Henk Oostendorp* (Amsterdam /Atlanta: Rodopi 1989), 124-125.

13 Herpoel, *A la zaga* 147; Sánchez Lora, José Luis. *Mujeres, conventos y formas de la religiosidad barroca* Madrid: Fundación Universitaria Española 1988, 30.

14 Poutrin, *Le voile* 20-22.

15 Herpoel, *A la zaga* 42-49.

16 Ibid 51.

reside, según Herpoel, en su valor documental, ya que las monjas parecen limitarse a narrar las experiencias que les parecen más importantes sin proporcionar demasiada reflexión. [17] No es hasta una tercera fase, que abarca de 1631 a 1646, que las monjas autobiógrafas toman conciencia de las posibilidades de expresión que les brinda la orden de escribir su Vida. Herpoel distingue una última etapa, de 1652 a 1689, en la que comienza la decadencia de la autobiografía conventual. Aunque disminuye en estos años el número de textos conservados, surge un interés por publicar las Vidas de monjas ejemplares ya difuntas. Sobre todo la orden franciscana y la agustina, a la que perteneció Inés de la Encarnación, reconocen la utilidad de la publicación de estos textos.[18] Teniendo en cuenta sus fechas de redacción, el texto de la Vida de la Madre Inés encajaría en la tercera fase –la de continuación del éxito de este género de escritura [19]– mientras que su publicación formaría parte de esa última etapa caracterizada por el impulso por difundir a través de la imprenta vidas de monjas modelo fallecidas hace tiempo. Se recordará que el manuscrito estaba listo para la publicación para 1677 y que el texto acabó por imprimirse inserto en la crónica de fundación de conventos de Alonso de Villerino en 1690.

Al aproximarse a una obra como la *Vida de la Madre Inés de la Encarnación*, se puede distinguir una serie de rasgos representativos que, como hilos, se entretejen de manera recurrente en las autobiografías espirituales femeninas, aunque cabe advertir que no todas las Vidas de monjas exhiben necesariamente todos estos rasgos. Teniendo en cuenta que la obra iniciadora del género es el *Libro de la vida* de Santa Teresa de Ávila, conviene destacar algunas características representativas de este tipo de escritura con ejemplos sacados de la obra modelo.

Para descubrir el primero de los múltiples hilos que unifican y caracterizan las obras pertenecientes al (sub)género de la autobiografía espiritual femenina conviene regresar por un momento a la segunda parte del título que se le dio al relato autobiográfico de la Madre Inés en aquel manuscrito de su época: «Contiene la narración que de ella hizo la mesma sierva de Dios de orden y obediencia de sus confe-

17 Ibid 51.

18 Herpoel, *A la zaga* 68, 70.

19 Herpoel, *A la zaga* 61.

sores». Estos escritos **son obras cuyo instigador oficial es un confesor u otro eclesiástico.** Al comenzar el *Libro de la Vida*, la misma Santa Teresa de Jesús, fundadora del género, se encomienda a Dios «...para que con toda claridad y verdad yo haga esta relación que mis confesores me mandan».[20] A pesar de parecer una restricción de la expresión personal de las monjas autobiógrafas, el énfasis en el mandato masculino les resulta una manera útil de autorizar la creación de su obra. Electa Arenal y Stacey Schlau llevan el valor estratégico del mandato un paso más allá al sugerir que el impulso de la escritura podía nacer de la monja misma o de sus compañeras de convento, y que, quizá alegando una orden celestial recibida en una visión mística, la religiosa podía lograr que su confesor la obligara a dejar constancia escrita de su *Vida*.[21]

Sea o no una estrategia deliberada, **el alegato de autorización divina** es una segunda característica recurrente de la autobiografía espiritual de mujeres. Santa Teresa, al igual que lo harán después sus numerosas seguidoras, está convencida de que el mismo Dios desea que ella escriba el relato de su *Vida*: «y aun el Señor sé yo lo quiere muchos días ha, sino que yo no me he atrevido».[22] El asegurar que Dios mismo es el instigador de su obra no sólo les permite a las monjas autobiógrafas escudarse en la máxima fuente de autoridad sino que también les facilita el desligarse de toda responsabilidad por el contenido de sus escritos y así protegerse de posibles acusaciones de falso misticismo o herejía.

La afirmación de Santa Teresa que no se ha atrevido a poner por escrito la historia de su vida apunta hacia otro elemento recurrente del género: lo que Alison Weber denomina **la «retórica de la humildad».**[23] Numerosas expertas en Santa Teresa y sus imitadoras se remiten a Ernst Robert Curtius[24] para afirmar que el uso de fórmulas de modestia y auto-desprecio no es un fenómeno exclusivamente fe-

20 Dámaso Chicharro, ed. *Libro de la Vida* de Santa Teresa de Jesús. (Madrid: Cátedra, 1979. reimpresión 2004), 117.

21 Electa Arenal y Stacey Schlau. «Stratagems of the Strong, Stratagems of the Weak: Autobiographical Prose of the Seventeenth-Century Hispanic Convent.» *Tulsa Studies in Women's Literature* 9.1 (1990): 25-42. 28.

22 Chicharro, *Libro de la Vida* 118.

23 Alison Weber. *Teresa of Ávila and the Rhetoric of Femininity.* (Princeton: Princeton University Press 1990), 42.

24 Ernst Robert Curtius. *European Literature and the Latin Middle Ages*. Trad. Willard R. Trask. (New York: Harper and Row, 1963), 83-85.

menino o cristiano, pero al mismo tiempo señalan que éstas aparecen con inusitada frecuencia en los relatos autobiográficos de monjas.[25] La religiosa insiste en presentarse como un ser débil, ignorante y ruin, que necesita quien enmiende sus faltas. Teresa de Ávila pone el ejemplo al afirmar «Verdad es que soy más flaca y ruin que todos los nacidos». [26] Antes, dirigiéndose a su confesor, el Padre García de Toledo, ha dicho Teresa de Jesús sobre sus papeles, «No sé si digo desatinos; si lo son, vuesa merced los rompa; y si no lo son, le suplico ayude a mi simpleza con añidir [*sic*] aquí mucho».[27] Tales palabras ilustran una importante vertiente de esta característica de las autobiografías de monjas –la petición de la religiosa que se destruyan sus escritos, rompiéndolos o quemándolos, si sus superiores eclesiásticos encontraran algo inaceptable en ellos. En el caso de estas monjas, el empleo persistente de fórmulas de humildad como recurso de *captatio benevolentiae* resultaba indispensable para que una autora mujer de la época se ganara el favor de los destinatarios de su obra, en especial de lectores masculinos.[28] Por su parte, la insistencia en destruir el escrito resulta ser otro mecanismo –un poco menos obvio– a través del cual la monja intenta protegerse del posible escrutinio por parte de la Inquisición. Al reconocer tal preocupación por el contenido de la obra, la monja autobiógrafa afirma su ortodoxia religiosa, adelantándose a quienes pudieran ponerla en duda. De igual manera, la petición de destruir sus escritos es también un medio de reiterar su obediencia al criterio de su director espiritual o de la jerarquía eclesiástica. Es además una forma de tratar de lograr que desaparezcan posibles documentos que pudieran usarse en su contra en un proceso inquisitorial.

Aunque la denominación autobiografía *espiritual* femenina sugeriría que las obras de este género narran exclusivamente las experiencias religiosas de sus autoras-protagonistas, Sonja Herpoel explica que los «elementos más dispares» que caracterizan este tipo de obras «...abarcan desde los acontecimientos de la vida exterior hasta la manifestación exaltada de los sentimientos más íntimos de la vida in-

25 Weber, *Teresa of Ávila* 49; Herpoel, *A la zaga* 84; Kristine Ibsen. *Women's Spiritual Autobiography in Colonial Spanish America*. (Gainsville: University Press of Florida, 1999), 22.

26 Chicharro, *Libro de la vida* 168.

27 Ibid. 168.

28 Weber, *Teresa of Ávila* 50.

terior». [29] De igual manera, Arenal y Schlau afirman que en estos textos, las monjas combinan la exploración de la religiosidad interior, en forma de visiones, éxtasis e interpretaciones teológicas de sus experiencias místicas, con la descripción de sus vidas activas. [30] Esta **narración combinada de experiencias espirituales y vivencias terrenales** es otro hilo en común que une las *Vidas* de monjas narradas por ellas mismas. En el *Libro de la Vida*, Santa Teresa no sólo detalla sus encuentros místicos con Cristo sino que también describe acontecimientos más mundanos, como sus juegos infantiles y los trámites burocráticos de la fundación del Convento de San José en Ávila. Las experiencias místicas –las mercedes o los favores divinos– que relatan estas monjas pueden ser *visiones* en sentido estricto o también visiones acompañadas de *locuciones*. El primero de estos fenómenos ocurre cuando la monja asegura percibir por vía sobrenatural objetos o seres que les son invisibles a los demás. El segundo implica que el objeto o ser visto se comunica con la visionaria, dialogando con ella, instruyéndola o revelándole secretos[31]. La profecía, el conocimiento del estado de las almas y la explicación de los misterios de las Sagradas Escrituras o del dogma de la Iglesia son sólo algunos de estos saberes secretos que las monjas aseguran recibir durante sus encuentros místicos. [32] Uno de los fenómenos de adquisición de conocimiento por medios sobrenaturales que se describe con frecuencia en las autobiografías monjiles es el de las *inteligencias*. Éste ocurre cuando la monja dice haber adquirido instantáneamente y de manera espontánea la comprensión de versos bíblicos o cantos en latín, así como también de puntos difíciles del dogma.

Los hilos genérico-literarios que unen los ejemplares de la autobiografía espiritual femenina se extienden también al terreno estructural, manifestándose tanto a nivel general como de motivos recurrentes específicos. Arenal y Schlau señalan el carácter poco convencional de la estructura cronológica y espacial de estos relatos.[33] Por una parte, el **desorden temporal y espacial** que caracteriza este tipo de obras autobiográficas se justifica por el hecho de que se cons-

29 Herpoel, *A la zaga* 39.

30 Arenal y Schlau, «Stratagems» 27.

31 Eugenio Ayape Moriones. *Historia de dos monjas místicas del Siglo XVII. Sor Isabel de Jesús (1586-1648) y Sor Isabel de la Madre de Dios (1614-1687)*. (Madrid: Avgvstinvs, 1989), 176.

32 Poutrin, *Le voile* 19.

33 Arenal y Schlau, «Stratagems» 35.

truyen a base de la rememoración de sucesos. Sonja Herpoel advierte que «la distancia temporal hace que ciertos acontecimientos ya no puedan ser recordados con entera fidelidad cronológica». [34] Sin embargo, se han observado rasgos similares –estilo episódico y anecdótico, narración acronológica y disyuntiva, forma discontinua con frecuentes digresiones– en la autobiografía de mujeres en comparación con la construcción más rígidamente lineal de los relatos autobiográficos masculinos. [35] Por su parte, Estelle Jelinek ha visto en las formas discontinuas y disyuntivas un posible reflejo de la fragmentación y multidimensionalidad de la experiencia femenina.[36] En cambio, otras teóricas han ido más lejos en su vinculación de los rasgos estilísticos de la escritura de mujeres y las vivencias femeninas. Josephine Donovan, al proponer seis condiciones que unifican y caracterizan la existencia tradicional de las mujeres en casi todas las culturas, explica lo siguiente: La existencia tradicional femenina, limitada al ámbito cerrado del espacio doméstico y sujeta a ritmos fisiológicos cíclicos, contribuye a una visión del tiempo como repetitivo y circular en lugar de lineal. Esto, junto con el concepto del trabajo femenino doméstico como interrumpible y supeditado a las necesidades de otros miembros del hogar –tales como el marido o los hijos– nos ayuda a comprender la estructura alineal y discontinua que caracteriza ciertas obras literarias escritas por mujeres. [37]

En el caso específico de las autobiografías de monjas, se ha señalado además un concepto del **tiempo simbólico fuertemente ligado al calendario litúrgico.** [38] En particular, las autobiógrafas suelen especificar que sus experiencias místicas suceden en determinadas temporadas o fechas del año eclesiástico. [39] El contenido de las visiones o de los mensajes recibidos por vía sobrenatural suele estar curiosamente ligado a lo que la Iglesia conmemora en tales fechas. Teresa de Jesús describe que «...una noche de las Ánimas, estando en un ora-

34 Herpoel, *A la zaga* 109.

35 Estelle C. Jelinek. *The Tradition of Women's Autobiography: From Antiquity to the Present.* (Boston: Twayne, 1986) xiii; Donma C.Stanton. «Autogynography: Is the Subject Different?" Domna C. Stanton, ed. *The Female Autograph: Theory and Practice of Autobiography from the Tenth to the Twentieth Century*. (Chicago and London: University of Chicago Press. 1987, 3-20) 11.

36 Jelinek, *The Tradition* 188.

37 Josephine Donovan. «Towards a Women's Poetics" Ed. Shari Benstock. *Feminist Issues in Literary Scholarship* (Bloomington: Indiana University Press, 1987), 101-103.

38 Ibsen. *Women's Spiritual Autobiography*, 11.

39 Poutrin, *Le voile* 19.

torio, habiendo rezado un noturno y diciendo unas oraciones muy devotas [...] Vi que salieron algunas ánimas del purgatorio en el instante».[40] Esta peculiar conexión entre experiencia espiritual y tiempo religioso se ha interpretado como un desplazamiento consciente del tiempo secular por parte de las autobiógrafas para hacer encajar sus vivencias espirituales en el modelo de las hagiografías, o relatos de vidas de santos.[41] De esta manera, las monjas no sólo corroboran el origen divino de sus experiencias visionarias sino que también apuntan hacia su propia santidad. Sin embargo, existen otras explicaciones igualmente plausibles para este fenómeno. No se puede descartar la posibilidad de que el alma (o la mente) de la visionaria sea más receptiva a ciertas experiencias místicas en determinadas fechas del año litúrgico. Recuérdese la importancia que tienen en la época barroca las celebraciones de festividades religiosas, tanto dentro como fuera de los conventos. Los cantos, las oraciones, los ritos y sobre todo las imágenes sagradas que se asocian con estas fiestas pueden predisponer a las autobiógrafas a tener experiencias visionarias alusivas a la ocasión que se está celebrando. La misma Santa Teresa se refiere de manera específica a una imagen de Jesús que habían llevado al convento para una celebración. Era un Cristo lleno de heridas que «...habían traído a guardar, que se había buscado para cierta fiesta que se hacía en casa».[42] Por otra parte, si se tiene en cuenta el papel que desempeña la memoria en la construcción de un relato autobiográfico, es lógico que la monja autora, al rememorar su pasado, vincule por asociación temática el contenido de sus visiones con determinadas fechas del año litúrgico. Por último, conviene recordar que, en la época, el calendario religioso podía ser el punto de referencia más lógico para expresar las fechas, tanto para mujeres cuya existencia transcurría entre las paredes de los conventos como para las beatas y las seglares devotas que, como Inés de la Encarnación, asistían con asiduidad a misa.

A pesar de la ausencia de una cronología rígida y de la existencia de un tiempo simbólico en las obras de este género, hay una serie de motivos recurrentes con los que se dibuja el itinerario vital de las narradoras-protagonistas de las *Vidas* conventuales. La **descripción de la virtud ejemplar de los padres de la monja** es una constante. Re-

40 Chicharro, *Libro de la vida* 370.

41 Ibsen. *Women's Spiritual Autobiography*, 11.

42 Chicharro, *Libro de la vida* 177.

cuérdese que Santa Teresa afirma «Era mi padre hombre de mucha caridad con los pobres y piedad con los enfermos, aun con los criados».[43] Por otra parte, refiriéndose a la infancia de ella y sus hermanos describe «...el cuidado que mi madre tenía de hacernos rezar y ponernos en ser devotos de nuestra Señora y de algunos santos...».[44] Nótese cómo, con los detalles estratégicos de la devoción a la Virgen María y a los santos, Teresa de Jesús alude implícitamente a las buenas prácticas católicas de su madre, encubriendo así de manera eficaz su ascendencia judeoconversa.

Como es de esperarse, de tales padres virtuosos nacen hijas que muestran desde temprana edad una inclinación hacia el servicio de Dios. Esta **vocación religiosa precoz** de la autobiógrafa, junto con una disposición temprana al sufrimiento, puede manifestarse ya en sus ilusiones y juegos de la infancia. Teresa de Jesús describe cómo ella y su hermano, de niños, planean escaparse de casa para morir como mártires: «Concertábamos irnos a tierra de moros, pidiendo por amor de Dios, para que allá nos descabezasen».[45] Cuando esta aventura no tiene éxito, la futura santa, acompañada de este hermano, recrea en el jardín la vida eremítica: «...ordenábamos ser ermitaños; y en una huerta que había en casa procurábamos, como podíamos, hacer ermitas...». [46] Sin embargo, es otro de sus juegos infantiles el que mejor prefigura su misión de reformar la Orden del Carmelo: «Gustaba mucho, cuando jugaba con otras niñas, hacer monesterios [*sic*], como que éramos monjas, y yo me parece deseaba serlo...». [47] La inclusión de este tipo de episodios de precocidad espiritual se ha considerado un eco intertextual del género hagiográfico además de un medio de demostrar que la monja autobiógrafa está predestinada al servicio de Dios. Esto, a su vez, corrobora el origen divino de sus experiencias visionarias. [48]

No obstante, a pesar de la temprana inclinación de las narradoras-protagonistas hacia las cosas de Dios, hay en sus *Vidas* circunstancias que, sobre todo en la juventud, las alejan momentáneamente del camino hacia lo divino, al que luego habrán de regresar. La misma Santa Teresa describe cómo con el paso de la niñez –y la mala in-

43 Ibid, 120.
44 Ibid, 120
45 Chicharro, *Libro de la vida* 121
46 Ibid, 121
47 Ibid 122.
48 Ibsen. *Women's Spiritual Autobiography*, 64-65.

fluencia de una prima– empezó a dejarse llevar por las preocupaciones superficiales de la vida mundana, poniendo en peligro su vocación: «Comencé a traer galas y a desear contentar en parecer bien, con mucho cuidado de manos y cabello y olores, y todas las vanidades que en esto podía tener, que eran hartas...».[49] Por lo tanto, muchas de estas mujeres pasan por **episodios de conversión** que les permiten descubrir una nueva cercanía con Cristo. Arenal y Schlau, por su parte, alegan que a diferencia de San Agustín y otros autores masculinos que relatan en sus obras autobiográficas un momento específico de conversión, las autobiógrafas mujeres señalan muchas ocasiones de crecimiento espiritual.[50]

Entre las hazañas virtuosas de las monjas autobiógrafas se destaca su **deseo de buscar el sufrimiento y su capacidad para soportarlo**. Por un lado, un énfasis en la mortificación corporal, ligada a las prácticas devotas femeninas de la época, se hace evidente en las descripciones de penitencias, ayunos y flagelaciones que, según Arenal y Schlau, llenan las páginas de las autobiografías monjiles.[51] Kristine Ibsen, en cambio, advierte que las formas exageradas de autocastigo del cuerpo son mucho más frecuentes en las vidas de santas y en las biografías hagiográficas sobre monjas que en las narraciones autobiográficas narradas por monjas.[52] Además, la búsqueda de sufrimiento constituye una hazaña de virtud heroica que puede abrir el camino para un posible proceso de beatificación. Otra fuente común de sufrimiento que apunta hacia la heroicidad espiritual es la persecución que han de sufrir estas mujeres debido a sus prácticas devotas o a su deseo de entrar en religión. Por último, la enfermedad, como fuente de sufrimiento físico y ocasión para desarrollar la virtud de la paciencia, es un ansiado camino hacia la perfección espiritual para estas mujeres. No hay que olvidar que en la época el sufrimiento del cuerpo se consideraba un don de origen divino que también se le podía ofrecer a Dios.[53] Santa Teresa de Ávila explica que, siendo novicia, «Pedía a Dios que ...me diese las enfermedades que fuese servido. Ninguna me parece temía, porque estaba tan puesta en ganar bienes eternos, que

---

49 Chicharro, *Libro de la vida* 124.
50 Arenal y Schlau, «Stratagems» 26
51 Ibid. 30.
52 Ibsen. *Women's Spiritual Autobiography*, 73.
53 Arenal y Schlau, «Stratagems» 29.

por cualquier medio me determinaba a ganarlos».[54] Por lo tanto, abundan en las autobiografías de monjas las descripciones del dolor ocasionado por enfermedades físicas. [55] Santa Teresa pone el ejemplo al explicar que durante su noviciado «...los dolores eran los que me fatigaban, porque eran en un ser desde los pies hasta la cabeza; porque de niervos [*sic*] son intolerables...».[56]

Este énfasis en el padecer pone de manifiesto otra característica de este (sub)género autobiográfico: **Cristo es el modelo de los sufrimientos de la religiosa.**[57] No hay que olvidar que ya en la época medieval una de las manifestaciones de la espiritualidad femenina era la devoción al Cristo de la Pasión, que se ha visto como una extensión del papel cultural de la mujer como ser que sufre.[58] Además, la figura del Cristo torturado y sufriente se asociaba con la representación de lo corporal. Por lo tanto, además del autocastigo físico, la enfermedad se convierte para las monjas en un medio de imitar la Pasión de Cristo.[59] Otra manifestación de este motivo recurrente es la identificación de los síntomas físicos de la monja con los dolores de Jesús en la Cruz. El tiempo simbólico, la enfermedad corporal y la identificación de la autobiógrafa con la figura de Cristo convergen en los comentarios de Santa Teresa sobre la dilatada enfermedad física que la llevó a caer en estado de coma. Cuenta que el paroxismo le «[v]ino la fiesta de Nuestra Señora de Agosto, que hasta entonces desde abril había sido el tormento».[60] A los cuatro días, cuando ya la dan por muerta, vuelve en sí, aunque debilitada y sin poder moverse. Afirma al respecto «...parece me resucitó el Señor» [61] y especifica que el estado de inmovilidad le duró «...hasta Pascua Florida».[62] Nótese que esta dolorosa experiencia de la Fundadora comienza el día de la Asunción de la Virgen y termina asociándose con la Resurrección de Cristo.

Sin embargo, como sería de esperarse en la autobiografía espiritual *femenina*, Cristo no es el único (aunque sí el máximo) modelo a imitar.

---

54 Chicharro, *Libro de la vida* 141.

55 Ibsen. *Women's Spiritual Autobiography*, 78.

56 Chicharro, *Libro de la vida* 146.

57 Ibsen. *Women's Spiritual Autobiography* , 137.

58 Caroline Walker Bynum. *Holy Feast and Holy Fast*. (Berkeley: University of California Press, 1987), 296.

59 Arenal y Schlau, «Stratagems» 29.

60 Chicharro, *Libro de la vida* 146.

61 Ibid. 147.

62 Ibid. 149.

Las monjas autobiógrafas hacen referencia a **modelos positivos femeninos** que las conducen hacia la virtud o que les sirven para autorizar sus obras.[63] Según Arenal y Schlau, esta cadena de autoridad femenina comienza con las enseñanzas de la madre biológica y culmina con la figura de la Virgen María.[64] Teresa de Jesús establece esta conexión desde el inicio del relato de su *Vida* cuando cuenta que, tras perder a su madre a la edad de doce años, «afligida, fuime a una imagen de nuestra Señora, y supliquéla fuese mi madre con muchas lágrimas».[65] Sin embargo, la Madre Celestial no es el único modelo femenino que la futura santa ha de imitar. Para apoyar su devoción a la Humanidad de Jesús como camino hacia la contemplación mística, menciona Teresa el ejemplo de Santa Catalina de Siena.[66]

Una de las hazañas espirituales más importantes que describen las autobiógrafas de convento es la **lucha contra las fuerzas infernales**. La visionaria detalla cómo el diablo o varios demonios la agreden, incluso físicamente, y cómo ella se defiende. Santa Teresa describe que, en cierta ocasión, el demonio se le aparece en forma de «un negrillo muy abominable»[67] y explica que «[e]ran grandes los golpes que me hacía dar, sin poderme resistir, con cuerpo, cabeza y brazos...».[68] En otro momento, tras ahuyentar a un diablo echándole agua bendita, asegura que «...quedé cansada como si me hubiesen dado muchos palos».[69] Otra noche, cuando siente que la ahogan, sospecha que los responsables son unos demonios y, afirma «como echaron mucha agua bendita, vi ir mucha multitud de ellos.»[70]

Otra singular hazaña de las monjas autobiógrafas, que se conecta con su capacidad para enfrentarse a los entes infernales y que a la vez sugiere una inversión de la jerarquía religiosa, es su **intervención para salvar el alma de un eclesiástico**. Cuando Teresa de Jesús, todavía novicia, va al pueblo de Becedas a curarse de sus afecciones físicas, descubre que el sacerdote con el que se confiesa es víctima de los hechizos de una amante. Para rescatar el alma de este cura, Teresa se gana su

63 Ibsen. *Women's Spiritual Autobiography* 137; Arenal y Schlau, «Stratagems» 32.
64 Arenal y Schlau, «Stratagems» 29.
65 Chicharro, *Libro de la vida* 122.
66 Chicharro, *Libro de la vida* 287.
67 Chicharro, *Libro de la vida* 367.
68 Ibid. 367.
69 Ibid. 368.
70 Ibid. 370.

confianza hasta lograr que él le entregue el objeto mágico que lo mantiene atado a aquella mujer, ese «... idolillo de cobre que le había rogado le trajese por amor de ella al cuello, y éste nadie había sido poderoso de podérsele quitar». [71] Tras arrojar Teresa el amuleto a un río, el sacerdote experimenta un renacer espiritual: «...comenzó como quien despierta de un gran sueño a acordarse de todo [...] doliéndose de su perdición vino a comenzar a aborrecerla». [72] En otra ocasión, Teresa de Jesús, a través de sus oraciones y cartas, rescata el alma de otro clérigo. Éste «...había dos años y medio que estaba en pecado mortal, de los más abominables...y decía misa».[73] La santa le pide a Dios que «...se viniesen aquellos demonios a atormentarme a mí...»,[74] de tal suerte que ella sufre los tormentos infernales y el religioso queda libre. Este poder intercesor de las monjas visionarias las asocia con la figura modelo de la Virgen María como intermediaria entre lo celestial y lo terrenal.[75] Es así como el poder de estas humildes hijas espirituales sobre la salvación de sus padres eclesiásticos sugiere que tras las *Vidas* de monjas narradas por ellas mismas se oculta algo mucho más complejo que una mera relación de experiencias nacida de la obediencia.

Ahora se invita a los lectores a rastrear algunos de estos elementos recurrentes de la autobiografía espiritual femenina en la *Vida de la Madre Inés de la Encarnación y* sobre todo a disfrutar de un texto que abre una ventana reveladora a la vida de las mujeres en la España de la temprana Edad Moderna.

71 Ibid. 144.

72 Ibid. 144.

73 Chicharro, *Libro de la vida* 368.

74 Ibid. 369.

75 Ibsen. *Women's Spiritual Autobiography*, 32.

# Obras citadas y consultadas para esta edición

## Fuente primaria

Villerino, Alonso de. *Esclarecido solar de las religiosas recoletas de Nuestro Padre San Augustín y Vidas de las insignes hijas de sus Conventos*. Tomo I. Madrid: Bernardo de Villa-Diego, 1690.

## Fuentes secundarias

Arenal, Electa and Stacey Schlau. «Stratagems of the Strong, Stratagems of the Weak: Autobiographical Prose of the Seventeenth-Century Hispanic Convent.» *Tulsa Studies in Women's Literature* 9.1 (1990): 25-42.

Ayape Moriones, Eugenio. *Historia de dos monjas místicas del Siglo XVII. Sor Isabel de Jesús (1586-1648) y Sor Isabel de la Madre de Dios (1614-1687)*. Madrid: Avgvstinvs, 1989.

Bergmann, Emilie L. «Milking the Poor: Wet-nursing and the Sexual Economy of Early Modern Spain». *Marriage and Sexuality in Medieval and Early Modern Iberia*. Ed. Eukene Lacarra Lanz. New York and London: Routledge, 2002. 90-114.

*Biblia de Jerusalén*. Nueva edición totalmente revisada y aumentada. Bilbao: Desclée de Brouwer, 1977.

Bynum, Caroline Walker. *Holy Feast and Holy Fast*. Berkeley: University of California Press, 1987.

*Catecismo de la Iglesia Católica*. Liguori, MO: Liguori Publications, 1992.

Chicharro, Dámaso, ed. *Libro de la Vida* de Santa Teresa de Jesús. Madrid: Cátedra, 1979. reimpresión 2004.

Curtius, Ernst Robert. *European Literature and the Latin Middle Ages*. Trans. Willard R. Trask. New York: Harper and Row, 1963.

Del Val Valdivieso, María Isabel. «La participación de las mujeres en el proceso de producción del pan en la Castilla bajomedieval» *Oficios y saberes de mujeres.* Valladolid: Secretariado de Publicaciones e Intercambio Editorial, Universidad de Valladolid, 2002 83-110.

*Diccionario de Autoridades* Edición fascímil. 6 Tomos. Madrid: Gredos, 1963.

Donovan, Josephine. «Towards a Women's Poetics» Ed. Shari Benstock. *Feminist Issues in Literary Scholarship.* Bloomington: Indiana University Press, 1987.

Frenk, Margit. *Entre la voz y el silencio.* Alcalá de Henares: Centro de Estudios Cervantinos, 1997.

__________.. «Ver, oír, leer...» *Homenaje a Ana María Barrenechea*, eds. Lia Schwartz Lerner e Isaías Lerner. Madrid: Castalia, 1984. 235-240.

Herpoel, Sonja. *A la zaga de Santa Teresa: Autobiografías por mandato.* Amsterdam: Rodopi, 1999.

__________. «Bajo la amenaza de la inquisición: escritoras españolas en el Siglo de Oro». Gosman, Martin y Hub. Hermans, eds. *España, teatro y mujeres: Estudios dedicados a Henk Oostendorp* Amsterdam /Atlanta: Rodopi, 1989, 123-131.

__________.»Inés de la Encarnación y la autobiografía por mandato» Jules Wicker and Alan Deyermond, eds. *Actas del XII Congreso de la Asociación Internacional de Hispanistas.* Tomo II. Birmingham: University of Birmingham, 1998, 284-291.

Ibsen, Kristine. *Women's Spiritual Autobiography in Colonial Spanish America.* Gainsville: University Press of Florida, 1999.

Jelinek, Estelle C. *The Tradition of Women's Autobiography: From Antiquity to the Present.* Boston: Twayne, 1986.

Mayberry, Nancy. «The controversy over the Immaculate Conception in medieval and Renaissance art, literature, and society». *Journal of Medieval and Renaissance Studies*, 21.2 (1991): 207-224.

Nadeau, Carolyn A. «Blood Mother/ Milk Mother: Breastfeeding, the Family and the State in Antonio de Guevara's *Relox de Príncipes* (*Dial of Princes*)» *Hispanic Review* 69 (2001): 153-174.

Poutrin, Isabelle. *Le voile et la plume: Autobiographie et sainteté féminine dans l'Espagne moderne.* Madrid: La casa de Velázquez, 1995.

Sánchez Lora, José Luis. *Mujeres, conventos y formas de la religiosidad barroca* Madrid: Fundación Universitaria Española 1988.

Serrano y Sanz, Manuel. *Apuntes para una biblioteca de escritoras españolas desde el año 1401 al de 1833*. 2 tomos. Madrid: Atlas, 1975.

Stanton, Donma C. «Autogynography: Is the Subject Different?» *The Female Autograph: Theory and Practice of Autobiography from the Tenth to the Twentieth Century*. Domna C. Stanton, ed. Chicago and London: University of Chicago Press. 1987, 3-20.

Surtz, Ronald E. *Writing Women in Late Medieval and Early Modern Spain: The Mothers of Saint Teresa of Avila*. Philadelphia: University of Pennsylvania Press, 1995.

Weber, Alison. *Teresa of Ávila and the Rhetoric of Femininity* Princeton: Princeton University Press 1990.

## Nota sobre el texto de esta edición

La presente edición de la *Vida de la Madre Inés de la Encarnación* procede de la versión inserta en el Tomo I del *Esclarecido solar de las religiosas recoletas de Nuestro Padre San Augustín y Vidas de las insignes hijas de sus Conventos*, del fraile agustino Alonso de Villerino, publicado en Madrid por Bernardo de Villa-diego en 1690. El texto que se reproduce incluye el capítulo introductorio escrito por Villerino, la narración de 24 capítulos en primera persona de las vivencias de la monja, y un capítulo final escrito por una compañera de convento de la Madre Inés en el que se describe su muerte y su funeral. Para facilitar la comprensión de la lectura, se ha modernizado la ortografía y se han añadido notas explicativas de contexto, contenido y vocabulario al pie de página. En numerosas notas se hace referencia a la edición de 1726-1739 del *Diccionario de Autoridades* de la Real Academia Española de la Lengua, obra indispensable para entender el vocabulario de la temprana Edad Moderna.

# Vida de la Madre Inés de la Encarnación

# Introducción de Alonso de Villerino (1690)

## Introducción de Alonso de Villerino a la Vida de Inés de la Encarnación en el *Esclarecido solar de las religiosas recoletas de Nuestro Padre San Augustín y Vidas de las insignes hijas de sus Conventos* (1690)

### De la Vida de la Madre Inés de la Encarnación

Algunos de los ríos que corren por nuestra España, desde su nacimiento se mueven muchas leguas, con igual curso sobre la tierra; y llegando a la vista de algunos montes (de los cuales pasé yo alguno) se humilla el orgullo de sus corrientes, como acobardado de Gigantes de monstruosa elevación, y sepultados en la tierra, que sustenta lo robusto de los soberbios [1] promontorios, escondidos pasan por debajo de ellos, hasta que, dejándolos a las espaldas, vuelven a salir en público, revolcándose en las lajas [2], y brindando a los pasajeros [3] con sus cristales.

Esto le está sucediendo al humilde estilo con que di principio a este libro, que desde entonces corrió igual, hasta que llegó a dar vista al levantado estilo con que la Madre Inés de la Encarnación, obligada de la Obediencia,[4] escribió su vida, alumbrada de superior luz; a cuyo Celestial método y espíritu abrasado se pudiera con razón acobardar lo más levantado de la mejor Retórica; y con más razón debe sepultarse escondido mi tosco estilo, mientras con atención oímos la relación que la bendita Madre nos hace de los favores que recibió de Dios.

Pero antes de dar principio al sazonado y sumamente provechoso[5] de tan superior vida, advierto que a toda ella hizo Nuestro Reverendísimo padre maestro Fray Manuel Duque, Catedrático de Sagrada Escritura en la Universidad de Salamanca, y Provincial [6] dignísimo

1 *Soberbios*: elevados, grandiosos (en este contexto)

2 *Lajas*: piedritas en el fondo de los ríos

3 *Pasajeros*: gente que pasa

4 *Obligada de la Obediencia*: por obediencia a las órdenes de sus confesores

5 *Al sazonado y sumamente provechoso de tan superior vida*: Entiéndase al *estilo* sazonado y sumamente provechoso.

6 *Provincial:* religioso con autoridad sobre los monasterios y conventos de una provincia

de esta Provincia de Castilla, Doctísimas y sutilísimas anotaciones; trabajo tan provechoso que puedo decir dél lo que un famoso Varón de la Esclarecida Orden de Predicadores [7] dijo de otro pequeño libro: *Si el Opúsculo* [8] *es pequeño, crecerá como el grano de mostaza del Evangelio,*[9] *en aprovechamiento de los Fieles, cuyas hojas purgarán el veneno*.[10] Qué podemos temer arrojará el Demonio en algunos ojos, volviéndolos de humanos en de basiliscos,[11] contra este libro, que tanto se opone al daño que pretende hacer en las Almas, pues el colmo de virtudes que contiene la vida de la Madre Inés se halla dividido en las demás Religiosas insignes que en este libro vamos refiriendo,[12] con que el resguardo que da a ésta es fiador [13] de todas las demás.[14] Y se atajará (prosigue el Docto Dominicano) *La espesa lluvia de pecados con que el Demonio pretende anegar* [15] *el mundo*; pues los que leyeren las insignes vidas de que esta obra se compone, conocerán el daño que hace en el Alma el pecado, y imitarán a las que tanto se aprovecharon de la misericordia del Señor para no cometerle.

Estuve determinado a poner el libro de las anotaciones al fin del tratado de la vida desta Madre; pero la falta de medios me detuvo, y le he puesto en la Librería del Real Convento de San Felipe, adonde, si fuere necesario, se hallará cuando se busque. Sólo pondré a la margen de los párrafos que luego lo ejecutan por explicación parte de lo mucho que acerca de cada uno ha escrito su doctísimo Autor. [16]

---

7 *Orden de Predicadores*: los frailes dominicos o dominicanos

8 *Opúsculo*: obra escrita breve en forma de compendio (en este contexto)

9 *El grano de mostaza del Evangelio*: Referencia a la parábola bíblica en la que Jesús compara el Reino de Dios con una pequeña semilla de mostaza que crece hasta convertirse en un gran árbol. El pasaje aparece los Evangelios de Mateo 13: 31-32, Marcos 4:30-34 y Lucas 13:18-19.

10 * Aquí incluye Alonso de Villerino una nota escrita totalmente en latín. En ella, identifica al fraile dominico citado como Thomas Cano Neapolitanus e incluye una versión más extensa de la cita en el latín original.

11 *Basilisco*: animal fantástico, mitad gallo y mitad serpiente, que mataba con la mirada

12 Recuérdese que el libro de Villerino dentro del cual aparece el texto autobiográfico de Inés de la Encarnación es una crónica de la fundación de los conventos de monjas agustinas recoletas que incluye gran número de biografías y autobiografías de las religiosas de estas instituciones.

13 *Ser fiador*: ser demostración o prueba de algo (en este contexto)

14 Entiéndase aquí que este relato de la Vida de Inés de la Encarnación da fe de la virtud de todas las otras monjas cuyos relatos de vida se incluyen en el libro de Alonso de Villerino.

15 *Anegar*: inundar (en este contexto)

16 *Su doctísimo autor*. Se trata de Fray Manuel Duque, el autor de las anotaciones al texto –en manuscrito– de Inés de la Encarnación y no de la monja autobiógrafa. Una copia manuscrita de las notas explicativas de Manuel Duque se conserva en la Biblioteca Nacional

## I. Escribe su vida por obediencia de sus Confesores. De su nacimiento, Patria, y padres.

En el Nombre de la Santísima Trinidad, para su honra, y gloria, y sus eternas alabanzas; y de la Santísima Virgen María, Nuestra Señora; y de Nuestro Glorioso Padre San Agustín [17]: Yo la más pobre, y la más ignorante criatura, confieso haber recibido graciosa y liberalmente [18] de las manos liberales de mi Criador tantas, y tan grandes misericordias, que si las hubiera recibido un Pagano, me las ganara en amar, servir, y reverenciar a mi Dios, y Señor y por no ser como el mal Siervo, que no granjeó [19] con el talento; [20] y para que sea glorificado, suplico a su Majestad [21], por su Santísima muerte, y a todas sus criaturas del Cielo, y de la tierra, le alaben mucho por mí, para que suplan lo que a mí me falta de bondad, y agradecimiento.

Y por no seguir mi parecer, sino el del Venerable padre Luis de la Puente, de la Compañía de Jesús, que fue mi Confesor diez y seis años: y de Don Francisco Sobrino, Obispo, que después fue desta Ciudad de Valladolid, [22] que también fue mi Confesor diez y ocho años, poco más, o menos; y de otras personas Espirituales: y ahora al presente del

de España. Obsérvese además que Villerino advierte que sus notas en los márgenes están basadas en las anotaciones de Fray Manuel Duque. Se incluyen en este texto gran parte de las anotaciones marginales de Villerino, en notas de pie de página señaladas con un número y asteriscos; pero se han eliminado aquellas partes de las anotaciones que constan de citas en latín de versos bíblicos, sermones o tratados teológicos.

17 Recuérdese que Inés de la Encarnación es monja de la Orden de San Agustín.

18 *Liberalmente*: de manera generosa; *liberal*: generoso

19 *Granjear*: adquirir una cosa por medio de otra; aquí adquirir ganancia de una inversión monetaria (el talento)

20 Aquí se refiere Inés a la parábola bíblica de los talentos, que se encuentra en el Evangelio de San Mateo, capítulo 25: 14-30. Jesús cuenta la historia de un hombre que, antes de irse a un largo viaje, encomendó a tres de sus sirvientes distintas cantidades de dinero (los talentos), a cada uno según su habilidad, para que lo administraran y lo hicieran crecer. Los dos primeros sirvientes hicieron crecer las ganancias y fueron premiados por su señor cuando regresó. En cambio, el tercero había enterrado el talento y no lo hizo fructificar, por lo cual fue castigado.

21 *Su Majestad*: Cristo, en este contexto

22 Luis de la Puente (1554-1624), un eminente teólogo, autor de libros ascéticos y director espiritual jesuita, fue confesor y biógrafo de monjas y beatas místicas. No sólo fue el director espiritual de Inés de la Encarnación sino también de la beata visionaria de Valladolid Marina de Escobar, quien llegó a ser consejera del Rey Felipe III. Por su parte, Francisco Sobrino Morillas, obispo de Valladolid, era uno de los hermanos de las monjas carmelitas María de San Alberto y Cecilia del Nacimiento, conocidas intelectuales, escritoras y poetas de su época.

Padre Gaspar de Vega, de la Compañía de Jesús, que es mi Confesor, y me manda que escriba con llaneza y verdad toda mi vida. Diré en el nombre de Nuestro Señor, lo que se me acordare, por obedecer a su Majestad, y a los que están en su lugar.[23] Déme el Señor su luz, por sola su misericordia.

Nací en las Montañas, diez y seis leguas de León, en un Lugar [24], que se llama Genestosa. Mi padre se llamó Pedro López; y mi madre María Meléndez. Fueron muy grandes Cristianos, y de grande caridad; en tanta manera, que mi padre se iba a las cárceles, y salía por fiador de los que no tenían con qué pagar sus deudas, y pagaba por ellos. Salía a los caminos a buscar los caminantes: a todos los llevaba a su casa, ricos, y pobres. Fue mi padre de los más ricos de aquella tierra. Mi madre tenía tan gran caridad, que era muy grande ayudadora de mi padre. En esto hizo Nuestro Señor con ellos en su tanto, lo que con el Santo Job, [25] que se les murieron muchos ganados de bueyes y vacas, que era la hacienda [26] de aquellas Montañas. Contaba mi padre de su madre, que tenía tantas vacas como días tiene el año. Vinieron a tanta pobreza, que comíamos los salvados [27] que dan a las gallinas, [28] llevándolo con gran paciencia. Mi madre tenía tan gran caridad, que llegando una mujer a su casa, la pidió la tuviese un niño, en cuanto llegaba a la Plaza, y nunca más volvió. Criábame [29] a mí mi madre entonces. Hizo un concierto [30] con Nuestro Señor de criarle de la misma manera que a mí, señalando para cada uno su pecho. Y fue tan liberal su Majestad con mi buena madre, que nos pudo criar

---

23 *Los que están en su lugar*: los sacerdotes. Recuérdese que, en la religión católica, los sacerdotes son los representantes de Cristo en la tierra.

24 En este contexto, «lugar» es un término geográfico para referirse a una población de cierto tamaño relativo a otras poblaciones. Según el *Diccionario de Autoridades*, «Vale también Ciudad, Villa, o Aldea; si bien rigurosamente se entiende por Lugar la Población pequeña, que es menor que Villa, y más que Aldea».

25 El Santo Job es el protagonista del Libro de Job en el Antiguo Testamento. Según el relato bíblico, Job era un hombre justo y fiel a Dios que gozaba de riqueza y prosperidad como ganadero. Dios puso a prueba la fe y la lealtad de Job permitiendo que sufriera una serie de grandes adversidades y tragedias incluyendo la pérdida de todo su ganado y sus bienes materiales, la muerte de sus hijos y una dolorosa enfermedad física. Job ha pasado a la tradición como modelo de paciencia y fe ante el sufrimiento.

26 *Hacienda*: fuente de riqueza económica (en este contexto)

27 *Salvado*: cubierta o cáscara de los granos de trigo; en inglés, *bran*.

28 En la época, el salvado generalmente se separaba de la harina de trigo y se utilizaba para alimentar a las gallinas. A diferencia de hoy en día, el pan con una alta cantidad de salvado se consideraba de peor calidad que el pan blanco. Comer pan de salvado era señal de pobreza.

29 *Criar*: amamantar (a un bebé), en este contexto

30 *Concierto*: trato, acuerdo

a entrambos. No se contentaba el niño con el pecho que para él estaba señalado; y como si tuviera entendimiento, le decía mi madre: Conténtate con tu pecho, que el otro es para estotra [31]. Daba tantos gritos, que hasta que le daba el pecho que estaba para mí, no callaba. Decíale mi madre, cuando la otra despierte la daré tu pecho; y hacíalo así: pero jamás pudo acabar conmigo, que le tomase, sino que llorando decía: No quiero el de tu niño: esto era siendo de año y medio u de dos años.

Digo esto por dos cosas. La primera, porque se vea la caridad de mi madre. La segunda, porque me hizo participante del amor del prójimo, pues entró a la parte de mi pobre sustento. Tuve mucho amor a este niño, más que a todos mis hermanos. [32] Tendría tres años, cuando Nuestro Señor se le llevó, y sentí mucho su muerte. Esto contaba mi madre, teniéndome mucha lástima y decía: No sé qué ha de ser desta, que la tiemblo mucho [33]; porque el día que nació, nació en mi casa una gran plaga, muriéndose el ganado: y así, desde luego[34] comenzó su pobreza.

---

31 *Estotra*: esta otra, entiéndase Inés

32 Sin embargo, hay aquí otro posible motivo por el que Inés incluye este incidente en su relato. Ya desde la Edad Media existía la creencia de que las mujeres transmitían las cualidades de su personalidad a los bebés a través de la leche materna, incluso aunque no fueran sus hijos biológicos. Por lo tanto, Inés sugiere que absorbió la caridad y la bondad de su madre desde su nacimiento por medio de la leche que mamaba. Esta creencia tenía importantes implicaciones sociales, ya que en toda la Europa de la época también era costumbre—sobre todo entre las mujeres ricas y de la nobleza—contratar nodrizas para amamantar a sus hijos. Estas nodrizas no sólo debían tener salud física sino también cualidades psicológicas y espirituales buenas. Asimismo, las madres de todas las clases sociales que no producían su propia leche recurrían a nodrizas. Generalmente, la nodriza también tenía que amamantar a su propio hijo biológico junto con el bebé de la mujer que la había contratado. Los niños amamantados por una misma mujer—aunque no fueran parientes biológicos—se consideraban «hermanos de leche» y en algunos casos desarrollaban entre ellos una conexión emocional más fuerte que con sus propios hermanos biológicos. Éste parece haber sido el caso de Inés con el niño que su madre recogió.

33 *La tiemblo mucho:* le tengo mucho miedo. Según el *Diccionario de Autoridades,* uno de los significados del verbo «temblar» en la época es «tener mucho miedo u recelar con demasiado temor alguna cosa» (VI: 238)

34 *Desde luego*: además del significado actual de «efectivamente», en la época y en este contexto «desde luego» puede significar también desde entonces, desde ese momento, ya que uno de los significados de *luego* en la época es inmediatamente; véase también la nota 103.

## II. Tiene dos visiones siendo de cinco años. Líbrala el Señor de algunos peligros. Amor a la soledad, y compasión a los pobres.

Siendo de edad de cinco años, estando mis padres segando, quedó una hermana mía para llevarles la comida. Yo quería ir con ella, a ver a mis padres. No me quiso llevar, porque la servía de embarazo.[35] Seguíla lo que pude; y como era tan pequeña, perdíla presto[36] de vista, sin saber dónde me iba ni en qué parte estaban mis padres. Llegué a un río, donde de la otra parte dél vi un hombre segando en un prado. Pasó luego por mí, y me llevó en sus brazos adonde él estaba. Comenzó a hacerme muchas caricias; y yo a llorar, y dar gritos muy congojada, hasta que me puso en el suelo, donde me hallé como en mi centro. Fuime por el Prado adelante, como tres tiros de piedra apartada del hombre. Levanté los ojos al Monte en una cuesta; y en la cumbre della, vi con los ojos corporales[37] un Señor de edad perfecta[38], vestido de blanco; hasta los zapatos lo eran. Tenía un báculo[39] en sus manos, y todo era de una gran blancura. Miróme con grande atención; yo también estuve muy atenta mirándole de pies a cabeza. Era su rostro grandemente agradable: particularmente los ojos eran bellísimos, y su frente mostraba gran Majestad. Los labios como un coral, y sus manos muy blancas, y muy bellas. Yo quedé toda absorta, mirando esta belleza, y amándole tiernamente. Díjome: ¿Quiéreste casar conmigo? Yo le respondí: Soy chiquita. Díjome: yo te esperaré a que seas grande. Y yo le respondí: Pues si me espera, sea así: y desapareció. Yo quedé tan harta [40], y contenta, que no lo sabré decir con palabras; y con estar tan lejos, y hablarme muy paso [41], le entendí, como si estuviera dos o tres pasos cerca de mí. Yo también le respondí pasito: y yendo por el Prado adelante, por la falda del mismo Monte

---

35 *Embarazo*: estorbo

36 *Presto*: en seguida; rápidamente

37 *Vi con los ojos corporales*. Aquí afirma Inés que la visión mística fue percibida físicamente con los ojos en lugar de ser percibida en su alma o su mente. Se contrasta con experiencias místicas que percibe «con los ojos del alma» o «con la consideración».

38 *De edad perfecta*: de treinta y tres años, la edad que tenía Cristo al morir en la Cruz.

39 *Báculo*: bastón de pastor con una curva en la parte superior; también, bastón ceremonial de los obispos

40 *Harta*: satisfecha (en este contexto)

41 *Hablar paso*: hablar en voz baja

con este contento, llegué a una espesura, y algo apartado de mí, vi un gran fuego muy suave, y una llama muy clara. No tenía humo, ni centellas, sino que ardía con gran mansedumbre. En medio deste fuego estaban tres personas de una edad, y de un rostro; hablábanse con grande contento. No los entendí palabra de lo que decían. Miráronme todos tres a la par [42] con grande atención; y volviéronse a comunicar, sonriéndose. Todos tres dieron a entender que su conversación era gustosa. Yo quedé absorta, y temblando como una azogada[43], y en este temblor no me acuerdo si me caí en el suelo. Paréceme que me cercó[44] una niebla. Yo no sé lo que me hice, que aquí me perdí. Halléme en casa de mis padres, sin saber quién me llevó.

Parecióme el rostro de los tres que estaban en medio de la llama como el de aquel Señor que había visto en la cumbre: mas aquí no me hablaron, ni yo hablé. Todo fue admiración, y silencio. Quedé con tres afectos[45] que me han acompañado toda la vida: Grande amor a la soledad, grande compasión de los pobres, y grande estima de ellos, y un deseo vivo de Dios Nuestro Señor de conocerle y amarle. También me infundió Dios aquí tal Sabiduría, y gracia en el hablar, que tenía miedo de mí misma. Siendo de diez a once años, pedí a Nuestro Señor me la quitase y me concedió esta merced. Desde esta edad de cinco años, me salía a los campos a mirar las sierras; y tenía grande codicia de morar[46] en ellas; mas nunca tuve ánimo para subir a su altura y así juntaba piedras para hacer una casilla para mi vivienda; que, ni me acordaba de mis padres, ni de lo que había de comer; porque era tan grande mi contento que él me tenía satisfecha: mas aguábaseme presto mi alegría, con una gran tristeza de que cuando iba adelante con mi edificio de piedrecillas, se me tornaban[47] a caer.

Un día me sucedió, estando sola en un Prado bien apartado del Lugar, que venía un toro derecho a mí y dos hombres tras él con lanzas en las manos corriendo. Comenzaron a darme voces[48] para que me echase en el suelo: yo no lo hice tan presto; y uno de los hombres,

---

42 *A la par*: al mismo tiempo

43 *Temblar como una azogada*. Es una expresión coloquial de la época que significa sobresaltado y temblando, generalmente por una causa emocional. El azogue es mercurio y estar azogado es estar temblando o teniendo convulsiones por exposición a este metal tóxico.

44 *Cercar*: rodear

45 *Afectos*: inclinaciones, pasiones emocionales

46 *Morar*: habitar

47 *Tornar*: volver; se me tornaban a caer: se me volvían a caer; se me caían otra vez

48 *Dar voces*: gritar

levantando más la voz, me echó una maldición, porque no hacía lo que me decía. Quiso la Majestad de Dios Nuestro Señor que el toro pasó de largo junto a mí sin hacerme daño; mas uno de aquellos hombres me dio una gran bofetada; y pasado esto, me volví a mi casa.

Un día, estando mi madre masando [49], entró una loca muy furiosa y delante della me dio mi madre un bollo[50]. Ella se embraveció con mi madre; yo me salí afuera: la loca salió tras mí y me tomó de la mano; llevóme a un establo, para enterrarme en él. No lo hizo, temiendo que me sacarían de allí: mas llevábame a la Iglesia, con gran determinación de enterrarme viva. Quiso Nuestro Señor que un hombre, que me sacó de la pila [51], la encontró conmigo de la mano, y diciéndole que me llevaba a enterrar, él la dijo: Mejor lo haré yo que tú; yo te la enterraré. Llevóme a su casa, y así me libró Dios deste peligro.

Cogióme otra vez esta misma loca, estando con otras niñas: sola a mí hizo mal, dándome muchas bofetadas, y llenándome la boca de regojillos [52] de pan duro; y quería que por fuerza los tragase, que no me dejaba respirar. Libróme Nuestro Señor deste peligro por otro hombre.

Un día vi venir muchos pobres juntos, y lleguéme a ellos, que les tenía grande amor. Deseaba mucho les diesen limosna, y les acompañé por todas las casas. Permitió Nuestro Señor que no les viese dar limosna ninguna. [53] Quedé con mucho dolor de ver que no lo podía remediar. Los pobres se iban del Lugar. Fuime con ellos hasta fuera dél. Volvíme, y fui a la Iglesia, y a un Cristo que estaba en el Altar le di cuenta de lo que había pasado, y decíale: Mirad, Señor, cómo no han dado nada a vuestros pobres; que esto, en mi ignorancia, parecía bastaba para que todos se moviesen a piedad: y repetí con mucha compasión: Como vos, Señor, tenéis extendidos esos brazos, si los juntáradeis [54], que todos lo vieran, con eso dieran limosna a unos pobres:

---

49 *Masar*: amasar

50 *Bollo*: panecillo

51 *Un hombre que me sacó de la pila*: la expresión «sacar a alguien de la pila» es ser su padrino o madrina de bautismo, ya que la pila se refiere a la pila bautismal. Por lo tanto, este hombre era padrino de bautismo de Inés.

52 *Regojillos* (regojos): pedazos de pan que sobran de la mesa después de comer

53 *Que no les viese dar limosna ninguna*. Entiéndase, no vi a nadie darles limosna a ellos (los pobres).

54 *Los juntáradeis*: (forma de «vos» del imperfecto de subjuntivo); hoy diríamos si los juntarais o juntaseis.

que esto, en mi ignorancia, me parecía bastante para que todos se moviesen a piedad.[55]

## III. Mueren sus padres.

Permitió Nuestro Señor, que viniese un año de grande hambre; y con esta ocasión, se fueron mis padres junto a Astorga, a un Lugar, que llaman Villares, donde estuvieron poco tiempo porque los llevó Nuestro Señor. Quedamos tres niños, una hermana mayor que yo, que servía.[56] Yo quedé tan pequeña, que no era para eso. Ordenó la gran providencia de Nuestro Señor no faltarme en este desamparo: y fue, que a una mujer se le murió una hija sola que tenía. Perdió el juicio de pena; y andando así sonlocada[57] por el Lugar, encontró conmigo. Llevóme a su casa: cerró muy bien la puerta, y sentándome en su regazo, haciame muchas caricias, y me decía: Ven acá hija mía, que me quieren hacer increyente (sic)[58] que te has muerto, y que te han enterrado. Dábame de comer, y tenía mucha lástima de mí. Yo la tenía mucho miedo, y a todo callaba, y no la contradecía. Después me abría la puerta, y me iba a la Iglesia, que era mi recreación estar en ella.

En esta niñez padecí mucha hambre; porque no comíamos sino habas cocidas; yo no las podía comer. El pan era de salvado, que tampoco le podía comer, por ser tan pequeña. Andaba descalza, y cubierto el cuerpo con unos andrajitos. Es tierra donde hay muchas nieves: y algunos inviernos es tanta, que llega a cubrir las ventanas desde el suelo, y no se puede salir de casa en quince días o en tres semanas. El agua que se bebe es de la nieve derretida en calderas; porque no hay otra sino la nieve cruda. En este tiempo, me ponían unas abarquitas[59] de cuero, con unos trapicos atados a los pies. Como

---

55 Aquí Inés pide un milagro—que el Cristo crucificado que está en el altar junte los brazos—como señal que pueda conmover a la gente del pueblo para que den limosna a los pobres.

56 *Que servía*: que trabajaba como sirvienta (en este contexto)

57 *Sonlocada*: enloquecida

58 *Me quieren hacer increyente*: Entiéndase, me quieren hacer creer.... La mujer trastornada se niega a aceptar la muerte de su hija y asegura que todos le quieren hacer creer que su niña está muerta y enterrada.

59 *Abarcas*: zapatos rústicos de cuero sin curtir que envuelven el pie y van sujetos con cuerdas o correas

era tanto mi desamparo, y padecía tanta hambre, enviaba un hermanico mío de cinco años a pedir limosna (yo tenía nueve años y mucha vergüenza de pedir); este mi hermanico, cuando él quería, me traía algunos regojillos de pan, y si no, me estaba sin comer.

Díjome una mujer en este tiempo si la quería guardar unas ovejas, que me daría de comer. Yo lo tomé por muy buen partido (paréceme serían como docena y media de ellas.) Dábame a la mañana dos rebanadillas de pan: la una para almorzar[60]; y la otra para todo el día. Quedaba con tanta hambre, por ser el pan tan poco, que en saliendo del Lugar, comía la otra rebanada, y me estaba después todo el día sin comer, con notable necesidad. A la noche venía con mi ganadillo, y me daban una pequeña cena. En este ejercicio pasé un poco de tiempo, hasta que me despidió esta mujer, y me volví a quedar en mi necesidad y desamparo, esperando el remedio de la Divina Providencia.

Siendo mi edad de nueve a diez años, dispuso Nuestro Señor, que fuese un hombre de negocios a hacer una probanza [61] a aquel Lugar, por haber en él un pleito muy reñido entre Hidalgos y Labradores. [62] Como una tarde saliese de la Iglesia [63], donde yo tenía mi refugio, le encontré; y viéndole en diferente traje del que por allá se usaba, le hice una gran reverencia porque le tuve por un gran Señor, y que lo merecía su persona. Él me miró con atención, y díjome: ¿Cuya eres, niña? [64] Respondíle: No tengo padre ni madre, ni soy desta tierra, sino de la Montaña. Díjome, si me quería ir con él a Valladolid, para traerle un niño en brazos. [65] Respondíle que sí, sin saber a lo que me ofrecía. Mas sabíalo mi Señor, que es Padre de huérfanos, y ampara a los desamparados. Al punto me llevó consigo a su posada; porque estaba ya de partida. Llevóme con la caridad que si fuera mi padre. Llegó a su casa muy contento conmigo, por parecerle me tendría muchos días consigo. Su mujer, cuando me vio tan pequeña, lo tomó

---

60 *Almorzar*: desayunar (en este contexto)

61 *Probanza*: averiguación o investigación para una disputa legal.

62 *Un pleito entre hidalgos y labradores*: una disputa legal entre los dueños de las tierras y los trabajadores del campo

63 *Como una tarde saliese de la Iglesia*. Aquí «como» tiene valor de adverbio de tiempo o circunstancia y el imperfecto de subjuntivo tiene valor de pluscuamperfecto de indicativo; entiéndase, cuando una tarde había salido de la iglesia.

64 *¿Cuya eres, niña?* Entiéndase, ¿De quién eres? Con esta pregunta, el hombre quiere averiguar si la pequeña Inés tiene una familia o si trabaja para alguien. Al enterarse de que no tiene padres, le ofrece empleo.

65 *Para traerle un niño en brazos*: El hombre de negocios quiere contratar a Inés para cuidar de un niño pequeño. Después revela ella que el niño tenía discapacidades físicas.

muy mal, y tenía razón, porque yo no era para nada, ni sabía hacer cosa alguna: y así cuando me enseñaba algo, era con mucho desabrimiento, y dándome muchos azotes. En el tiempo que estuve en su casa, padecí mucha hambre, y mucho maltratamiento.

Dióme Nuestro Señor una larga enfermedad con muy grandes fríos, y calenturas: y en todo este tiempo no me acuerdo, que fuese más mi comida que un huevo asado, y éste le iba yo a comprar, y le comía con un poquito de pan. La cama en que dormía era el suelo, con un cabezalillo.[66] Su marido desta señora, como era hombre de negocios, estaba poco en casa.

En el invierno me enviaban a buscar leña al campo; y en el Verano, a espigar [67], y coger cardos para vender. Y puedo decir con verdad, para gloria de mi Señor, que en tres años y medio, que estuve con esta señora, no la tomé ni dos maravedís.[68]

Eran pocos los días que me daba de desayunar, con ser tan corta la comida del medio día. Las veces que me azotaba eran muchas. Entre otras, fue una, porque la quebré una olla, que no valía dos cuartos [69], hasta derramar sangre; y fue tanta, que se cuajó en las suelas de los zapatos, y me duraron las señales por mucho tiempo. Otra vez me cogieron entre marido y mujer y me llevaron a un establo, porque ningún vecino me quitase de sus manos. Tendiéronme en el suelo, vueltas las manos a las espaldas, teniéndomelas debajo de sus rodillas, y su mujer por los pies. Fueron tan grandes los azotes que sobre mí descargaron, que quedé sin aliento. Plegue a la Divina Majestad se lo haya pagado con muchos grados de gloria, pues todo lo hacían por mi bien. El niño que tenían era lisiado [70], y padecía muy grandes dolores, de suerte que no reposaba de noche ni de día. A la una y las dos de la noche me le hacían sacar a pasear a la calle, para que sus padres y los vecinos pudiesen reposar; que no era para mí poco trabajo, por el mucho miedo que tenía. Duraba este ejercicio hasta que, cansado el

---

66 *Cabezal*: especie de colchoneta delgada rellena de lana o paja

67 *Espigar*: recoger las espigas de trigo sobrantes que han dejado los segadores en el campo después de segarlo

68 *Dos maravedís*. El maravedí era una moneda antigua de distintos valores según la época. En el contexto, es una expresión general para monedas o dinero.

69 *Dos cuartos*. Técnicamente, un cuarto era una moneda de cobre que, según el *Diccionario de Autoridades* «su valor...es de cuatro maravedís» (V: 455). También, «cuartos» era una expresión para referirse en general al dinero. En este contexto, «dos cuartos» es una manera general de señalar el poco valor monetario de la olla rota.

70 *Lisiado*: con un daño o discapacidad física en una o más de sus extremidades; en inglés *crippled*.

niño, se dormía. Yo fui tan para poco [71], y tan mal mortificada, que traté de dejarlos: y así di cuenta a una conocida mía, que era criada de una señora muy virtuosa, que tenía a su madre en una Aldea, cuatro leguas de Valladolid, que se llama Quintanilla de Trigueros. Envióme con ella. Y quiso Dios, que si dejé una Cruz, hallase otra; pues por ser esta señora de tan recia condición, no había criada, que la quisiese servir: y así me lo decían todos. Comencé a servirla, y con harta voluntad; aunque su condición era tal que no acertaba a ganársela. A ella, y a una hija suya, serví seis años: también aquí no me faltaron azotes; siendo ya, cuando murió esta señora, de diez y ocho años y medio. Estando en poder de su hija, que era muy apacible conmigo y me hacía mucha caridad, enseñándome cosas de virtud, me la llevó Nuestro Señor en tres días, dejándome en un sumo desamparo, y soledad.

## IV. Entra a servir a otra Señora. Líbrala Dios de un gran peligro.

Por ocasión de la muerte de la señora con quien estaba, entré a servir a otra muy principal, en el mismo Lugar, con quien estuve trece años. Los cinco [72] fueron de muy grandes trabajos, y eran sobre mis fuerzas, por mi poca virtud. Quería esta señora ser servida con mucha puntualidad. Era muy enferma, y padecía grandes hastíos: [73] y para acudir a su regalo [74], había menester [75] día y noche, sin el trabajo del gobierno de la casa [76], y de masar y lavar. Esto había de ser siempre de noche, después de ella acostada, sin darme quien me ayudase: y aunque buscaba una mujer que lo hiciese, me pasaba las noches enteras sin dormir sueño: y lo que yo más sentía, era no tenerla contenta; porque a trueque de [77] que lo estuviera, todo lo daba por bien empleado; mas no me parece que en todos cinco años lo pude conseguir.

En este tiempo me sucedió que habiendo masado, teniendo ba-

---

71 *Fui tan para poco*: servía para tan poco

72 *Los cinco*. Entiéndase aquí los cinco primeros años de su servicio a esta señora.

73 *Hastío*: inapetencia, pocas ganas de comer

74 *Regalo*: gusto o complacencia

75 *Haber menester*: ser necesario

76 *Sin el trabajo del gobierno de la casa*. Entiéndase, sin contar el trabajo del gobierno (cuidado o administración) de la casa.

77 *A trueque de*: a cambio de

rrida la casa del horno, [78] estaba muy contenta de verla limpia. Tenía una gallina con unos pollicos, y en un instante me lo ensuciaron todo; y tenía una varilla en la mano, para espantarlos, y sin querer, maté un pollico. Quedé tan apesarada [79] de ver mi pollico muerto, que le tomé en las manos, y díjele a Nuestro Señor: Veis aquí, Bien mío, todopoderoso, lo que yo he hecho. Ahora, Señor mío, habéis de ser ofendido con maldiciones que echará mi señora por haberle muerto el pollo. No permitáis ser ofendido por mi causa; dádmele vida, pues no os cuesta más que querer: y esto lo suplicaba a su Majestad, como si fuera cosa de más importancia. Estuve haciendo muchas veces estas exclamaciones; y teniendo el pollico en mis manos, acudió el Señor de las misericordias a darle vida; y luego quedó como los demás. Yo, harto [80] confundida y harto agradecida de ver a nuestro Señor tan humanado con una ingrata como yo; y más admirada, que si resucitara una criatura racional [81]. Sea este señor por todo bendito de mí, y de todas sus criaturas, que tan digno es de ser amado. Amen.

Yo andaba bien afligida, con los muchos trabajos, y el poco tiempo que tenía para darme a Nuestro Señor; pues aun para rezar el Rosario, andaba con la escoba en la mano. Volvíme un día a su Majestad muy afligida, y le dije: Señor mío, tú sabes, que con todas las veras de mi corazón deseo contentar a esta tu criatura [82], y en cinco años no he salido con ello: e así, de todo corazón me vuelvo a ti, recíbeme y sé tú mi amparo. Yo la quiero dejar, porque busque otra que la sirva mejor que yo. Con esta determinación, me fui a ella y la hablé con toda claridad y verdad, diciéndola que yo conocía mi poco caudal [83], y que la suplicaba buscase quien la sirviese, pues yo no era para ello, y me volviera a Valladolid a buscar a quién servir: y que esto había de ser con licencia suya. La buena señora lo sintió mucho, y no me la quiso dar. Quedéme con ella, con condición de servirla de balde [84] de allí adelante, con que me diese licencia para oír Misa tres días en la semana

78 *La casa del horno*. En la época, las mujeres sin los recursos económicos para asar su propio pan en casa tenían que llevarlo a hornos municipales establecidos para este propósito. Sin embargo, según explica Inés, la dama adinerada para la que trabaja tiene su propio horno—para asar el pan y posiblemente otros alimentos—en una casita separada de la cocina.

79 *Apesarada*: triste, llena de pesar

80 *Harto*: muy (aquí es adverbio)

81 *Criatura racional*: ser humano

82 *Esta tu criatura*. Se refiere a la señora tan exigente a la que Inés sirve.

83 *Mi poco caudal*: lo poco que yo valía

84 *De balde*: de gratis, sin paga

y darme a Nuestro Señor los ratos que pudiese con otros conciertos, que no hay para qué ponerlos aquí. Vino en ello, y me dio licencia para oír Misa cada día. Desto se alborotaron muchos en el Lugar, y la decían que cómo era posible que consintiese tal a su criada, que oyese Misa cada día, como señora: y me levantaron muchos testimonios [85]. Mas ella perseveró en la licencia que me tenía dada, no haciendo caso de lo que la decían. Y duró esto otros siete años; y a los trece, que estuve en su servicio, me la llevó Dios.

Aquí me libró su Majestad de un gran peligro, por medio de la Oración; porque una persona, por caricias y furor me perseguía. Dióme Nuestro Señor gran valor, estimando más la pureza que todo lo criado.[86]

## V. HACE CUATRO VOTOS,[87] Y RECIBE DEL SEÑOR SINGULARES FAVORES.

En medio de los trabajos que he dicho, no tenía refugio ninguno, si no es acudir a Nuestro Señor, suplicándole me diese su luz. Hice con su Majestad un concierto de servirle, sólo por ser quien es, y de no hacer cosa que no fuese por su amor; y de no me negar a ninguna criatura, que me hubiese menester. Ofrecióme Nuestro Señor dos afectos para que lo pusiese por obra. El uno, andar en su presencia; y el otro, la memoria de la muerte[88] y esto era en mí tan continuo, como la vida. Por los defectos de la pasada lloraba mucho: y en este ejercicio gasté tres años, pareciéndome que veía abiertos los Cielos, y que estaba desterrada de ellos por mis culpas. Bajaba al Infierno con la consideración[89], y hablando conmigo misma, decía: Éste es tu lugar, que por tus culpas tienes merecido. Estábame todos los ratos, que podía, entre los condenados; y volvíame a Nuestro Señor con grandes ansias de servirle, porque me esperaba a penitencia. Tratábame ya por más muerta, que viva.

---

85 *Me levantaron muchos testimonios*. Entiéndase, falsos testimonios. O sea, hicieron circular rumores falsos y mentiras sobre ella.

86 *Una persona, por caricias, y furor me perseguía*. Aquí Inés da a entender que fue acosada por un hombre y que resistió sus intentos por seducirla.

87 *Votos*: promesas (en inglés, *vows*)

88 *La memoria de la muerte*: la conciencia o la sabiduría de que va a morir (el concepto en latín *memento mori*)

89 *Con la consideración*: por medio de la meditación o reflexión mental. Aquí no está hablando de un viaje místico.

Hice cuatro Votos. De Obediencia, Pobreza, Castidad, y de no comer carne, huevos, leche, ni queso. Mi cama era el suelo, sin corcho, estera, ni otra alguna cosa. Traía continuo cilicio.[90] Deseaba mucho una túnica de cerdas [91], mas nunca la pude conseguir. Usaba de cadena de hierro y rallos.[92] Mi comida era un poco de pan, mediano, remojado en agua, y sal. Cuando me sentía mala, comía pan que fuese mejor, y le echaba un poco de aceite. Puedo decir con verdad, que era tanto el gozo y alegría de mi Alma, que muchas veces hacía escrúpulo del gran regalo que sentía con esto. [93] Mas sólo me duró este contento ocho meses, porque me mandó mi Confesor, a quien le tenía dada la obediencia, que comiese de todo. Tenía continuas disciplinas [94], y de noche andaba descalza. El Invierno, íbame a los corrales, porque no me viesen, para hacer prueba de si podría ser Monja. Metíame en los arroyos helados, y me estaba buen rato, recibiendo aquella frialdad, y jamás me hizo mal.

Una noche, estando sola jabonando unos paños, hice cuenta que eran los pañales del niño Jesús, y que se los había de dar a Nuestra Señora, para que le envolviese: y estando en esta consideración, vi de repente una nube clara, y en ella un rostro, aunque no se me dejó ver bien, sino es los ojos, que eran muy bellos; y los vi con claridad, y conocí ser como los de aquel Señor, que se me mostró en el monte, y me preguntó si me quería casar con él. Oí una voz, que me dijo: Ves aquí al que esperas. Quedé como fuera de mí, de ver tanta bondad del Señor para conmigo, siendo tan abominable, y tan ingrata. Quedóme

90 *Cilicio*: Aquí Inés comienza a detallar sus diversos métodos de autocastigo del cuerpo como manifestación de su devoción religiosa. El cilicio era una prenda de ropa interior corta y apretada al cuerpo tejida de un material áspero y diseñada para irritar la piel. También había cilicios hechos de malla metálica con púas que se clavaban en la piel y causaban heridas.

91 *Túnica de cerdas*: Las cerdas eran generalmente los pelos gruesos y ásperos de la cola y las crines de los caballos, no solamente los pelos de los cerdos. La túnica de cerdas era una pieza de ropa interior larga y sin mangas tejida de este pelo áspero para irritar la piel. Ya que Inés hace una distinción entre el cilicio y la túnica de cerdas, es posible que sus cilicios fueran de los de malla metálica.

92 *Cadena de hierro y rallos*. Éstos son todavía más instrumentos de castigo corporal. La cadena de hierro, a veces con púas para clavarse en la carne, se ajustaba a la cintura debajo de toda la ropa. Por su parte, la palabra «rallo» se refería comúnmente a un rallador, una lámina de metal con agujeros ásperos para deshacer alimentos frotándolos contra la superficie cortante. Sin embargo también se aplicaba la palabra a instrumentos similares para otros usos, notablemente para rasparse la piel como forma de autocastigo.

93 *Hacía escrúpulo del gran regalo, que sentía con esto*. Me sentía culpable del gran placer que sentía con esto (el comer tan poco).

94 *Disciplinas*: Las disciplinas, en este contexto, son el acto de azotarse o practicar la flagelación para causarse sufrimiento físico como autocastigo por los pecados. En otros contextos, las disciplinas también se pueden referir al instrumento (el látigo) con el que la persona se azota.

un grande fuego en el corazón, con tal desfallecimiento, que me faltaron las fuerzas corporales con unos quejidos, como si tuviera un gran dolor: teníale en el Alma, por haber ofendido a este Señor; y sin poderme ir a la mano, pedía a su Majestad me diese algún dolor corporal, para poder disimular lo que pasaba en el espíritu; y diómele de muelas, que me fue de gran consuelo.

Esta aparición fue a los diez y ocho años de mi edad; y desde los cinco en que tuve la primera visión, hasta ésta, no se me ofreció cosa particular deste género.

Otra vez, estando una noche acostada, por habérmelo mandado la obediencia, a cosa de la una, o las dos de la noche, oí una voz que me dijo: Levántate a Orar; yo no lo hice, y me volvieron a decir lo mismo. Púseme a orar en pie, y volvió la misma voz a decirme: ¿Ámasme? Dije: Sí Señor. Díjome segunda, y tercera vez: ¿Ámasme? A esta tercera vez, dije: Sí Señor, más que a mi Alma. Pidióme la mano para desposarse conmigo. Dísela con gran voluntad, y dióme un gran temor, no fuese el Demonio, que me quisiese engañar; y así le dije: A ti la doy, mi Dios; porque si no eres tú, doy por nada lo dicho. Vi luego un Niño hermosísimo dentro de mi corazón, con un lazo muy apretado, y díjome: Ahora puedes decir, que eres mi Esposa; que aunque tú te habías dado a mí, no me había yo dado a ti. Con esta unión, que yo he hecho de mi voluntad, y la tuya, de aquí adelante mira tú por mí, que yo miraré por ti: y con esto se entró a lo muy escondido de mi corazón, y obró en él tales cosas, que no las alcanza mi entendimiento; y son más para sentir que para decir. De ahí al poco rato se me volvió a mostrar el Niño Jesús, más afable, y más contento. Yo estaba llena de confusión. Duróme esta unión ocho días. Aquí también había quejas, llenas de admiración. Creciéronme las ansias de soledad, y de hacer grandes penitencias. Pasábanseme las noches enteras sin dormir, con gran deseo de la salvación de las Almas, que tanto costaron a Nuestro Señor, y tenía grandes ansias de padecer martirio. Parecíame que todos los trabajos deste Mundo no eran más que como picaduras de mosquitos, y que no había mal sino de pecado mortal: y este dolor traspasaba mi corazón; y propuse desde entonces llevar Almas a Dios, y hacía cuanto podía.

## VI. Muéstrasele una corona. Dala[95] una vara el Niño Jesús.

En este tiempo servía a una señora, con quien estuve seis años, en un Lugar cerca de Valladolid. Era muy Santa, y recogida.[96] No salía de casa, si no es a oír Misa y a recibir los Sacramentos. Amábame con gran ternura. Estando un día en la Iglesia confesándome, me cercó una luz, y en ella venía una gran Corona de oro; dijéronme: Ésta es para ti. Quedé sin habla, y suspensa, aunque no fuera de sentido. No pude acabar la Confesión. Recogíme, apartada de la gente, y comencé a desechar la Corona, conociendo no merecía la tierra que pisaba. Estando en esto, vi al Niño Jesús desnudo, echado en mi regazo, como de edad de un año. Era bellísimo en gran manera, y con grande agrado me miraba. Tenía en la mano una vara verde, como de almendro; díjome: Toma esta vara, que con tu brazo flaco tengo de extender el mío fuerte: como soy el que soy, y vivo para siempre, que a ti, y a tus Compañeras he de hacer bienaventuradas. Al punto me hallé en un campo, con la vara en la mano, y a Nuestro Señor de edad perfecta, que a gran priesa caminaba, llevándome a su mano derecha: no me decía palabra, sino todo era caminar por un prado. Al fin dél estaba una manada de mujeres [97] sentadas. Eran muy venerables, y mostraban en su rostro ser personas de gran virtud. Ya que estábamos cerca de ellas, me dijo Nuestro Señor: Éstas te esperan. Al punto se levantaron y se dijeron unas a otras: Ya viene. Miráronme con mucho agrado, y se alegraron conmigo, y yo con ellas. Volviéronse a sentar; yo no me senté: mas así en pie como estaba, toqué a algunas con la vara que Nuestro Señor me había dado.

Quedé con gran dolor en mi corazón y partíme luego a Valladolid a dar cuenta a mis Confesores, que eran los Padres Clavel y Jerónimo de Acosta, de la Compañía de Jesús. Fueron tantos los favores que el Señor derramó sobre mi Alma, que les pareció convenía que dejase la señora con quien había estado trece años y me viniese a Valladolid para obrar con su consejo. El primero fue quitarme los ayunos y dis-

---

95 *Dala*: le da

96 *Recogida* (adjetivo): dedicada a la meditación religiosa en soledad.

97 *Manada de mujeres*. Obsérvese el uso aquí de una expresión que normalmente se usa para referirse a grupos de animales como o vacas u ovejas. Más que animalizar a las mujeres, se trata aquí alegóricamente de un rebaño espiritual.

ciplinas, las Confesiones, y comuniones, las horas de Oración, las Imágenes, y libros. Lo que sentí mucho fue comer grosuras [98] los Sábados por estar dedicados a Nuestra Señora.[99] Quitáronme el trato con Compañeras,[100] y de todas las criaturas.[101]

Ocupáronme en servir la casa; y después que la tenía aliñada y limpia hacían que me la volviese a descomponer. Los Domingos me daban licencia para que fuese a Confesar, y Comulgar, y oír Sermón.

Mandábanme que fuese muy de mañana; y por otra parte, a la señora con quien estaba, que no me diese licencia hasta más tarde, y reñíanme mucho, porque era tan desobediente.

En este tiempo, me dio una grande enfermedad, de que estuve doce días clavada de dolores y tullida. Después me dio un dolor de costado[102] que me puso en lo último de la vida. Con esta ocasión, me mandaron volver a la Aldea por si los aires de aquella Aldea me alentaban. Echóse de ver fue orden de Nuestro Señor, porque luego [103] estuve buena.

---

98 *Grosuras*: las extremidades y las vísceras de los animales (en este contexto)

99 *Comer grosuras los sábados*: El *Diccionario de Autoridades* ofrece importantes aclaraciones sobre esta costumbre religiosa-alimenticia de la época. El Sábado se define como «El séptimo día de la semana, día dedicado a la Virgen Nuestra Señora, por lo cual en las más partes no se come carne en este día, o sólo se permiten los extremos, despojos, y grossura de las carnes.» (VI: 1) Por su parte, *grosura*, además de referirse a «la grassa y manteca de los animales» (IV: 82) se refiere «a las extremidades e intestinos de los animales: como cabeza, pies, manos y assadura [órganos internos, incluyendo el corazón, hígado y pulmones]: y porque en Castilla se permite comer los Sábados sólo estas partes de las reses, se llamó Día de grossura» (IV: 82).

100 *Compañeras*: Ésta es una de varias menciones a lo largo del texto de aquellas otras beatas con las cuales vivía Inés.

101 Aquí se aprecia el control que los sacerdotes, como directores espirituales, ejercían sobre las mujeres que decían tener experiencias místicas. Obsérvese que los confesores de Inés le prohíben gran número de sus acostumbradas prácticas penitenciales, sobre todo las más rígidas, así como también otras actividades que pudieran inducir encuentros visionarios. En cambio le ordenan ocupar su tiempo en tareas domésticas, permitiéndole asistir a misa, confesarse y tomar la Comunión solamente una vez a la semana. Además de prohibirle ayunar y flagelarse, le ordenan comer carne los sábados y le prohíben el rezo de las devociones a la Virgen María (las Horas de Oración), la meditación sobre cuadros y estatuas religiosas (las Imágenes), el acceso a libros devotos, y el contacto con las demás beatas de su grupo (las compañeras) y otras personas. La mención del uso de un libro devocionario (las Horas) y otros libros aquí no descarta la posibilidad de que Inés fuera parcial o incluso totalmente analfabeta. En la época, el concepto de «leer» no se refería exclusivamente a percibir con la vista las palabras escritas en una página sino también a recibir la información de los libros por vía auditiva escuchando a alguien leer en voz alta. También es posible que Inés supiera leer directamente de las páginas pero no tuviera la habilidad de escribir. Es notable que, a diferencia de otras monjas y beatas que específicamente afirman que no saben leer ni escribir, Inés de la Encarnación no menciona su posible analfabetismo en su relato.

102 *Dolor de costado*: expresión de la época para referirse a la pleuresía, una inflamación de la membrana alrededor de los pulmones.

103 *Luego*: inmediatamente (como la expresión coloquial de México «luego luego»)

Desde este tiempo pasé sin servir, tratando de vivir (sic) a sólo Dios, y estar en soledad, ganando por mis manos la comida. Díjele a Nuestro Señor, pues era poderoso, se sirviese de hacerme merced de que el vestido y calzado no se rompiese, pues sabía mi corto caudal.[104] Partía con los pobres de lo poco que tenía. Levantábame a las tres de la mañana y estaba recogida hasta las siete. Desde esta hora, hasta la una, estaba en la Iglesia. Desde las dos a las cuatro, hacía labor. De cuatro a seis, me ocupaba en consolar a los que me buscaban. Y desde que acababa con este ejercicio, hasta las doce, estaba recogida. Era mucha la gente que me buscaba; y esto les hacía a muchos grande novedad. Tuve grandes persecuciones, y mis Compañeras por mí, que éramos diez y siete.[105] Dábalas Nuestro Señor mucha paciencia. De mí decían que les enseñaba tales cosas que merecía me echasen del lugar a pedradas: y como veían que iba cada mes a Valladolid, decían que venía a la Inquisición, y se escandalizaban mucho. Dábame Nuestro Señor tan grande estima destas cosas, que de buena gana tomara padecer por su Majestad lo que decían merecía.

Volvió [106] Nuestro Señor, como Padre piadoso, por mis Compañeras, dándome con qué entrar tres dellas Religiosas, de que quedaron los contrarios muy edificados, [107] y de algunas obras pías, como adornar Imágenes y dar Frontales para los Altares.[108] Esto les movió a más cariño conmigo. Hacia la Fiesta de Nuestra Señora de la Purificación,[109] llevando los Padres de la Compañía [110] para Predicar, y Confesar; que ordinariamente estaban cuatro o seis días; y desde las siete de la mañana hasta las doce de la noche, gastaban en hacer Confesiones generales: y Confesaban, y Comulgaban más de las seiscientas personas, hasta los Pastores del ganado, que iban sus amos a guardarlo

---

104 *Mi corto caudal*: aquí se refiere Inés a su pobreza material o económica.

105 *Y mis Compañeras por mí*.... Aquí se refiere Inés específicamente a las otras dieciséis mujeres que vivían con ella en su pequeña comunidad de beatas.

106 *Volver por (alguien)*: defender, apoyar (en este contexto)

107 *Quedaron los contrarios muy edificados*: los enemigos (los que iban contra Inés) recibieron una buena lección o ejemplo.

108 *Frontales para los altares*. Un *frontal* era un adorno de tela para la parte de delante del altar.

109 *La fiesta de Nuestra Señora de la Purificación*: El 2 de febrero. El *Diccionario de Autoridades*, bajo «Purificación», aclara lo siguiente: «Se entiende por excelencia la fiesta que en el día dos de Febrero celebra la Iglesia en memoria de cuando nuestra Señora fue con su Hijo Santísimo a presentarse en el Templo, a los quarenta días de su parto, en cumplimiento de la Ley [la religión judía], que aunque no la obligaba, por ser esenta de toda mancha, lo executó por el buen exemplo» (V: 441).

110 *Los Padres de la Compañía*: los jesuitas

porque ellos viniesen. Daba rosarios a todos, para aficionarlos a la devoción de Nuestra Señora. Los niños estaban tan quietos y devotos que era cosa de admiración. Creció tanto la devoción del Santísimo Sacramento y de Nuestra Señora que los que no comulgaban sino es al año, o cuando mucho las Pascuas [111], vinieron algunos a comulgar de ocho a ocho días.

A ejemplo deste lugar, se movieron algunos del rededeor, particularmente Cigales. Estaba en él un Cura, que era muy Siervo de Dios, y pedíame que por las entrañas de su Majestad me compadeciese de aquel Lugar. Y después de casi dos años de importunaciones, fui allá, y Nuestro Señor hizo muchos beneficios a aquellas Almas por medio deste su Siervo y una su hija de Confesión, que estaban como Ciervos heridos, con gran sed y ansias de Nuestro Señor. [112] En poco más de un año, entraron deste Lugar ocho Religiosas, y todas perseveraron muy siervas de su Majestad.

Fue tanta la fama que por aquella Comarca hubo de todos los Pueblos de tierra de Campos, y particularmente en Ampudia, que fue necesario venirme a Valladolid, por huir de la honra que me daban.

## VII. Parte a Valladolid. Dícela el Señor, que haga allí un Convento. Ofrécela tres personas con qué le dar principio.

Llegada a Valladolid, me pusieron en casa de una Señora, gran Sierva de Dios, para que estuviese en su compañía. Era muy rica, y viuda. Hizo un Convento de Recoletas Agustinas en Medina del Campo, y entróse monja en él. [113] Quería entrarme consigo, [114] si

111 *Sino es al año o cuando mucho las Pascuas*. Se refiere a la costumbre de mucha gente de comulgar solamente una vez al año o para celebrar las fiestas religiosas del nacimiento y la resurrección de Cristo (Navidad y Pascua Florida o Pascua de Resurrección). En la época, el término *pascuas* no sólo se refería a la Resurrección y a la Navidad sino que coloquialmente podía referirse a cualquier tiempo de tres días de fiesta.

112 *Como Ciervos heridos, con gran sed y ansias de Nuestro Señor*. Aquí hay un eco del Salmo 42: 1-2, «Como jadea la cierva, tras las corrientes de agua, así jadea mi alma, en pos de ti, mi Dios. Tiene mi alma sed de Dios, [...]» (Nueva Biblia de Jerusalén). También hace referencia a este pasaje—aunque con una cita en latín—Santa Teresa de Ávila en el capítulo 29, apartado 11 de su *Vida*.

113 *Una Señora, gran Sierva de Dios*. Esta dama adinerada se ha identificado como Agustina Canovio (o Agusta Canobio), la viuda de un mercader italiano de Milán llamado Claudio Visconti. Vivía en Valladolid llevando una vida cuasi-monjil y contribuyó económica-

Nuestro Señor no hubiera dispuesto otra cosa: y fue, que ocho días antes, que estábamos para tomar el Hábito, me fui a despedir de mis Compañeras, cuyo sentimiento, y el de todo el Lugar fue tan grande, que no había remedio de poderlos sosegar. Vinieron a Valladolid a decirle a mi Confesor le habían de pedir en juicio, el que me diese tal consejo. A mí no me hacían sus lágrimas más efecto que si fuera de piedra. Sólo deseaba dar gusto a Nuestro Señor. Díjome su Majestad, estando una mañana en Oración, que no se pagaba [115] de deseos cuando no se ponían por obra; que hiciese luego lo que me daba a desear, que su Majestad me ayudaría: y lo que yo deseaba me parecía disparate y cosa sin camino porque el deseo era de hacer un Convento de personas muy virtuosas, que sólo tratasen de amar a Nuestro Señor, padecer, y obedecer con menosprecio de sí mismas, y que, olvidadas de todo lo criado, fuesen muy imitadoras de Nuestra Señora en la humildad y caridad.

Para esto, no había en mi poder dos maravedís, ni esperanza de tenerlos; con que me parecía todo tentación del Demonio: y sentía una fuerza en mi corazón, que temí que estaba endemoniada. Y otros ratos se trocaba [116] este temor en pensar si era vanidad mía o no tener consistencia en el bien, que esto pensaba a veces; pues dándome Nuestro Señor aquellos deseos, no tenía valor para ejecutarlos.

Derramaba muchas lágrimas, y hacíame Cruces, porque Nuestro Señor me librase del Demonio, y me diese fortaleza para vencerle.

Creció este tormento con una ilusión que a todas horas de la noche y de día me tenía cercada, si no es cuando dormía, que era bien poco. Y aun desto no estoy bien cierta; porque con ella me acostaba, y le-

---

mente a la fundación del convento de agustinas recoletas establecido en Medina del Campo en 1604 por la Madre Mariana de San José. Hay que tener en cuenta que, en la época, el concepto de la «fundadora» (o los fundadores) de un convento no se aplicaba estrictamente a la monja que establecía una nueva comunidad de monjas sino que también podía referirse a mujeres (u hombres) que financiaban la apertura de un convento donando su dinero o propiedades, a las primeras monjas que habitaron el convento tras su inauguración, e incluso a mujeres místicas o visionarias que decían haber recibido mensajes proféticos o instrucciones divinas para el establecimiento de un nuevo convento.

114 *Quería entrarme consigo*. Entiéndase, la señora quería llevarme con ella al convento (como su sirvienta). En la época, y sobre todo en conventos menos rígidos o con muchas monjas de clase social alta, era común que las damas de dinero que querían hacerse monjas llevaran a una o más de sus sirvientas con ellas al convento. Entrar a un convento como sirvienta de una monja o como sirvienta general para hacer trabajos de limpieza o mantenimiento era otra vía de acceso a la vida conventual para mujeres con vocación religiosa pero sin los recursos económicos para pagar la dote.

115 *Pagarse de algo*: ser complacido, agradarse, quedar satisfecho.

116 *Trocarse*: volverse, transformarse en.

vantaba. Veía a mi lado cuatro o seis mujeres (cuatro, bien sé, que lo eran) mirándome al rostro. Consumíame su vista hasta las entrañas, aunque mostraban mucha humildad y penitencia; y en mirarme al rostro con tanta atención, daban a entender esperaban de mí su remedio, aunque no me decían nada.

En medio de la aflicción que esto me causaba, volvíame a Nuestro Señor con un corazón contrito y humillado y le decía: Señor, ¿qué quieres que haga? Dame luz, y no me desampare tu amparo, ni me falte tu piedad.

Oí una voz, que me dijo: Comienza, que yo te ayudaré. Yo soy, no temas. Dejóme su Majestad tan fuerte, tan alegre, y sin temor ninguno, y con tal gozo en el Alma, que abrazara por este Señor todos los desprecios, y persecuciones del Mundo, aunque fuera de pasar por el mismo Infierno, a trueque de dar gusto a Nuestro Señor. Hice con su Majestad un concierto, que por su honra, y gloria, comenzaría en su nombre; y que si quería hacerlo, yo no había de tener parte sino en el trabajo; y que ésta sería mi gloria.

Un día, estando en Oración, me puse a los rayos del Sol de Justicia,[117] como si me pusiera al Sol material, para que derramase sobre mí los rayos de su Divina luz para desterrar de mí todas las tinieblas de mis ignorancias. Vi a Nuestro gran Padre San Agustín, vestido de Pontifical. [118] Miróme con grande atención. Yo le dije: No os busco yo a vos, sino a mi Criador, para que perfeccione en esta mi obra de sus Divinas manos; y no me deteniendo en las criaturas, buscaba a mi Criador; y en tres días no pude hallar lo que deseaba mi Alma: y en todos ellos no se apartó de mi vista este esclarecido Padre Nuestro San Agustín, hasta que Nuestro Señor, con su acostumbrada misericordia, me habló con gran benignidad, y me dijo: Hija mía, ten por bien de admitir por Protector y Padre a esta grande Luz de la Iglesia, que en las mercedes que te tengo de hacer, a él has de acudir, y dél las recibirás. Al punto me postré a sus pies, y le pedí perdón de no le haber

117 *El Sol de Justicia*. El Sol de Justicia es un símbolo de Cristo. Procede de un pasaje bíblico al final del Antiguo Testamento, en el libro del profeta Malaquías, que se ha interpretado como predicción de la llegada del Mesías. En algunas ediciones católicas de la Biblia y en las ediciones protestantes, el pasaje aparece en Malaquías 4: 2. En otras ediciones católicas modernas de la Biblia aparece en Malaquías 3:20: «Pero para vosotros, los que teméis mi nombre, brillará el sol de justicia con la salud en sus rayos y saldréis brincando como becerros bien cebados fuera del establo» (Nueva Biblia de Jerusalén).

118 *Pontifical*: conjunto de vestiduras que usa un obispo para las ceremonias religiosas.

reconocido desde que me miró con la atención dicha. El roquete [119] que tenía era sembrado como de perlas muy gruesas. Al punto comenzaron a destilar una agua muy cristalina, que toda me cuajó, como de copos de nieve. Desde este punto hallé a mi Alma llena de diferentes verdades, y con mayor Estima de Nuestro Señor, y más conocimiento de las imperfecciones, y grande ansia de darme toda a su Majestad. Decíale al Señor, llevada de estos afectos, muchas simplezas[120] y entre ellas éstas: Que pues era Pastor, me hiciese perrilla de su ganado, y no dormiré cuando venga el lobo; y de noche y de día estaré ladrando a sus puertas por el ganado que tanto le costó. Esto le decía con amargas lágrimas; y más le decía otra bobería: Si yo pudiera bajar al mar, y sacar del profundo las riquezas que están anegadas[121] en él, te hiciera muchas cosas: y en particular, un Monasterio de Esposas tuyas, que te fueran muy finas amadoras, y muy parecidas a tu Santísima Madre. Anduve con estas ansias algunos meses, sin cesar mi pena, por ver no podía conseguir lo que tanto deseaba.

Estando un día en Oración con esta pena, me ofreció Nuestro Señor este pensamiento. Paréceme que me hablaron al Alma con una voz muy en silencio, y me dijeron: Pues tienes el Mar de las Misericordias en tus manos, ¿para qué empleas tus potencias [122] en ese mar de sabandijas? Al punto recibí una luz [123] de esta verdad, de tal suerte que, aunque tuviera muchos años de estudio, no lo supiera declarar.

Paréceme (a lo que puedo decir) me infundió Nuestro Señor dos modos de Oración. Uno, de unión; y otro, de transformación: y otros, que diré adelante. Muchas veces me hallaba transformada en este Dios, [124] y no conocía, ni entendía, ni sabía aun cómo me llamaba, ni si era tarde o mañana. Estando en este recogimiento, me dijo Nuestro Señor: ¿Por qué no pones por obra lo que deseas, pues no me pago de deseos cuando pueden ser obras? ¿Por qué no haces ese Monasterio? Comiénzale, que yo te ayudaré. Y dije a mi Señor: ¿De dónde, Señor, le tengo de hacer, que soy pobre? Y me respondió su Majestad:

---

119 *Roquete*: vestidura larga cerrada con mangas ajustadas o anchas en punta que se ponen los religiosos sobre la sotana.

120 *Simplezas*: tonterías

121 *Anegadas*: sumergidas, hundidas (en este contexto)

122 *Las potencias*: las tres potencias del alma son la memoria, el entendimiento y la voluntad.

123 *Recibir una luz*: recibir iluminación espiritual

124 *Me hallaba transformada en este Dios*. Esta transformación es una manera de referirse al estado de unión mística o unión del alma con la Divinidad.

Yo te daré tres personas que te ayuden: nombrándomelas por sus nombres, a quienes yo conocía. Hablé a una de ellas, que era una Señora viuda. No tenía hijos, y sus parientes eran muy ricos. Llamábase Doña Catalina de Castro. Díjela si me quería ayudar a hacer un Convento. Ofrecióme cuatro mil ducados [125] a la primera palabra en dinero; y que si pudiese, me daría más. Causóme grande admiración ver a Nuestro Señor tan liberal con una criatura tan miserable como yo. Mas aún quedé con dudas, pareciéndome era muy poco para sustento de muchos.

Estando otro día haciendo Oración delante del Santísimo Sacramento de los Padres Menores [126], me llamó otra Señora. Llevóme a su casa y me preguntó que en qué entendía.[127] Díjela deseaba hacer un Convento, y me ofreció ochocientos ducados de renta[128], y otras cosas para la Iglesia, con condición que dentro de dos años tuviese efecto el Convento.

Di cuenta de esto al Licenciado Don Juan Manrique, Prior que fue de Roncesvalles, persona muy Espiritual. Ofreció ayudarme, y que daría quinientos ducados de renta para Capellanías.[129] Todo esto tuvo efecto; y esto es lo que ahora goza este Convento de Nuestra Señora de la Encarnación.

Estando un día en San Ambrosio, que había ido a confesarme con el Padre Luis de la Puente, púseme delante del Santísimo Sacramento[130] y halléme muy confusa, por verme tan abominable criatura en la Divina presencia. Díjele al Divino Sacramento: ¿Cómo Señor, me consientes delante de ti tan fría, siendo Sol de Justicia? Extiende esos rayos de tu Caridad sobre este corazón, y enciéndele en tu amor. Estando así metida en mí misma, vi salir de la Custodia [131] como un Sol, cuyos rayos dieron en mi corazón. Vi luego arrancar un árbol de la tierra, con todas sus raíces, y que le llevaron al Cielo, plantándose

125 *Ducados*. Un ducado es un tipo de moneda de oro. Entre los tiempos de los Reyes Católicos y Felipe II, el valor de un ducado subió de 375 maravedís a 400 maravedís.

126 *Los Padres Menores*: los religiosos de la Orden Franciscana

127 *En qué entendía*: qué quería; qué intenciones tenía. Uno de los significados de «entender» en la época era «querer» o «tener intención» de algo.

128 *Renta*: utilidad o beneficio anual producido por algo

129 *Capellanías*: fundaciones con un compromiso económico para financiar la celebración de misas y otras actividades religiosas

130 *El Santísimo Sacramento*: la hostia consagrada, considerada la presencia del cuerpo de Cristo

131 *Custodia*: recipiente, generalmente de oro o algún otro metal precioso, para exhibir la hostia consagrada para la veneración; en inglés, *monstrance*.

allá. Sus ramas eran muy verdes, e inclinadas a la tierra. Obró en mí esta visión tres efectos: deseo de la Gloria de Nuestro Señor, desnudez de espíritu y estimación grande de las Almas, porque es su precio la Sangre de su Majestad.

## VIII. Padece una enfermedad. Tiene algunas visiones.

Estando en el aprieto de una enfermedad, pensando me moría, le dije a Nuestro Señor por lo postrero [132]: Enfin Señor mío, ¿me muero sin ser Monja? Sea así, pues Vos lo queréis. Hagamos un trueque. Tomad vos mis miserias y dadme vuestras misericordias, y haced conmigo, como quien sois: y con esto me eché a morir, porque no estaba para más.

Díjome el Señor unas palabras muy amorosas: No te mueres: primero serás Monja. Fui mejorando, y yo guardé esto en mi corazón, esperando en este Divino Señor me lo había de cumplir.

Estando una noche en Oración muy profunda, se me mostró el Señor, y me dijo: Hija mía, grandemente me agradaré de que esta Recolección [133] entre en Valladolid; porque me han de servir mucho. Y mostróme unas Palomas muy crecidas con grande blancura. Estaban encerradas en un aposento muy pequeño, que no podían levantar el vuelo; y tornóme a decir el Señor: Hija mía, éstas son mis Esposas, que me han de servir en esta Casa[134], y por no tener dónde, no levantan el vuelo, por tenérmelas oprimidas el Mundo. Date priesa a que se haga esta Casa en Valladolid.

Otro día por la mañana, estando en Oración, me dijo el Señor: ¿Por qué no haces esa Casa que te he dado a desear? Ponlo luego por obra, que yo te ayudaré. Aquí no sabré yo decir lo que me dio el Señor, y me infundió, para que se hiciese esta Casa.

Una vez, estando en Oración, vi a Nuestro Padre San Agustín en una Esfera, cercado de gran claridad, vestido de Pontifical. Derramó sobre mí a modo de copos de nieve, aunque no le eran sino en la

---

132 *Por lo postrero*: a lo último.

133 *La Recolección*: la orden de las monjas Agustinas Recoletas, en este contexto.

134 *Casa*: convento, en este contexto.

blancura. Quedé toda sembrada de una agua cristalina, que Nuestro Padre San Agustín me comunicaba de sí mismo; y díjome Nuestro Señor: Éste te doy por Protector, y Medianero.[135] Quedé con grande agradecimiento de esta misericordia; y entendí que había de ser este Convento de la Encarnación para mucha gloria del Señor.

Otro día, estando oyendo Misa en las Madres Carmelitas desta ciudad de Valladolid, me dijeron por tres veces: Vete debajo del Coro.[136] Dejé la Misa, y fuíme a recoger al lugar donde me mandaron, con tan gran confusión que no osaba levantar los ojos: mas, con el Publicano [137] decía a Nuestro Señor con muchas lágrimas que tuviese piedad de mí, conociendo no merecía la tierra que pisaba.

Estando en esta aflicción, vi a Cristo Nuestro Señor sentado en un Trono de gran Majestad, con un manto de color de Cielo, bordado, con unas piedras grandes de mucha hermosura y gracia. Su rostro era como un Sol resplandeciente. Miróme con grande agrado; y yo, con gran dolor de mi corazón derramaba muchas lágrimas, y decía: ¡Es posible, que he tenido atrevimiento para ofender a esta Cara de tanta benignidad!

Halléme fuera de mí junto a Nuestro Señor, y díjome con grande amor: Pídeme mercedes, Hija mía, que como soy el que soy, y vivo para siempre, he de darte cuanto me pidieres. Yo le supliqué, que si era servido, no volviese a la tierra a cuerpo tan miserable, por no volver a pecar. Respondióme Cristo Nuestro Señor: Hija mía, yo nunca dejé mi Cruz para darla a otro, y a todos quisiera con Cruz. Si tú quieres dejar la tuya, haré lo que me pides. Yo, conociendo mi ignorancia y la Sabiduría de Nuestro Señor, dejéme en su querer, y dije: No mi voluntad, Señor, sino la tuya.

En diciendo esto, me hallé en un Desierto,[138] donde estaba una gran manada de ovejas muy crecidas y blancas. Daban en ellas los rayos del Sol. Estaban echadas con gran quietud. Estaba un perro

---

135 *Medianero*: intercesor

136 *Coro*: sala o sección de la iglesia en donde los sacerdotes, frailes o monjas se juntan para cantar las Horas Canónicas y asistir a la misa.

137 *El publicano*: alusión a la parábola bíblica del fariseo y el publicano en la que Jesús contrasta la manera de rezar de ambos hombres en el Templo. Mientras que el fariseo, un miembro de un grupo religioso que seguía las costumbres del judaísmo muy estrictamente, proclama todas sus virtudes y se enorgullece de no ser un pecador, el publicano—un recaudador de impuestos—humildemente reconoce sus pecados y pide perdón por ellos. La parábola se cuenta en el Evangelio de Lucas 18: 10-14.

138 *Desierto*: En este contexto, y en la época, «desierto» se refiere simplemente a un lugar despoblado, sin gente y habitado por animales salvajes (en inglés, *wilderness*), no a una zona de clima árido con arena.

cerca de ellas, que las guardaba. Dijéronme era yo aquel perro. Con esto volví en mí, con gran dolor de verme metida en cuerpo tan miserable y con grandes ansias de morirme; parece me duró este recogimiento hora y media u dos horas.

Aquella misma noche, estando en Oración, se me tornó a mostrar Nuestro Señor de la misma manera, y a mandarme que le pidiese mercedes. Díjome las mismas palabras: Que como soy el que soy, y vivo para siempre, he de darte cuanto me pidieres.

Díjele: Señor, si sois servido, sacadme desta vida, aunque sea la más pequeñita del Cielo, si acaso os tengo de ofender, aunque me hayáis de perdonar y darme después mucha Gloria. Hacedme, por vuestra bondad, esta misericordia. Volvióme a decir: Hija mía, yo nunca dejé mi Cruz para darla a otro. Si tú quieres, sea lo que dices. Yo respondí: Señor, sea lo que mi Confesor dijere. Éralo el Venerable Padre Luis de la Puente.

## IX. Muéstrasele Nuestro Señor muy enojado con los pecadores, y la hace nuevos favores.

La misma noche siguiente a la merced referida, me dio una enfermedad muy peligrosa; con que estaba muy alegre, pareciéndome me había de morir. Una mañana, que pensé fuese la postrera, se llegó a mi cabecera el Demonio en figura de un Ermitaño [139], y muy enojado, me dijo: ¿Cómo estás tan contenta, sabiendo que hay Infierno? Pues cuando menos pienses, te hallarás en él : y con mucha priesa se volvía a ir.

Díjele: De parte de Dios, todopoderoso te mando, que no te vayas, que tengo qué decirte. Ya sabes, que los Esclavos no son suyos, sino de sus Señores. Yo lo soy de mi Señor Jesucristo, comprada con su Sangre; con él lo has de haber. [140] Si me mandare [141] que vaya contigo, por hacer su Santísima voluntad, iré de muy buena gana; y con esto,

139 *Ermitaño*: persona que vive apartada de la sociedad para dedicarse a la oración y otras actividades espirituales en soledad.

140 *Con él lo has de haber*. Hoy diríamos, trata el asunto (lo que me tengas que decir) con él (con Jesucristo).

141 *Si me mandare*..... futuro de subjuntivo. Hoy usaríamos el presente de indicativo Si me manda, iré.

vete. Estaba tan rabiando, y con tanta inquietud, que parecía azogado, y al punto desapareció. Yo quedé con gran paz, y muy contenta de pensar me moría.

Estando en este consuelo de parecerme había de ver presto a mi Señor, se me mostró su Majestad junto a mí, con grande agrado, y con unas palabras muy tiernas y amorosas, me dijo: Hija, dame tu corazón como me le dio mi Siervo Francisco [142]; y daréte yo el que le di a él. Reparando en misericordia tan inmensa, era tanta la fuerza del ímpetu de amor que me comunicó su inmensa caridad, que me hallé muy incapaz para recibir tal avenida [143]; y dije: Señor, sin licencia de mi Confesor, no me atrevo a hacer tal trueque. Quedó el Señor tan contento de ver la estima que hacía de la obediencia, que levantó los ojos y manos al Cielo dando gracias al Eterno Padre, por verme tan desasida[144] de Dones, y tan pronta a la obediencia, paseándose por delante de la cama (en que yo estaba) como un Padre muy amoroso. Estando así, vinieron cuatro Santos con unos instrumentos Músicos y tocaron y cantaron muy suavemente, y con mucha melodía este cantar: *Santo Sacramento. Dios disimulado, Celestial sustento, que quita el pecado*. Fue tan grande mi dolor, que el corazón parecía me le atravesaba con una lanza, lastimado de los Herejes, que carecen deste bien, y por todos los malos Cristianos. [145] Con la fuerza del cantar, salí de mí y me hallé entre los Santos, tañendo [146] y cantando. Desapareció Nuestro Señor, y los Santos se despidieron de mí con grande amor y agrado.

Eran estos Santos el Glorioso San Juan Evangelista, el Glorioso San Andrés Apóstol, Santo Domingo, y San Bernardo. Yo quedé con grandes ansias de morirme, y con mayores de hacer la voluntad de Nuestro Señor. Paréceme serían las tres de la noche cuando esto pasó.

Estando un día en San Ambrosio tratando un negocio con el Padre Luis de la Puente, dióme Nuestro Señor tan gran fortaleza para poner por obra lo que fuese de mayor gloria suya, que a trueque de conseguir tan gran bien, tomara cualquier trabajo[147]: Y así me determiné a irme con una Señora, llamada Doña Luisa de Carvajal, que me

---

142 *Mi siervo Francisco*. San Francisco de Asís (1182-1226), fraile italiano fundador de la Orden Franciscana.

143 *Avenida*: repentina crecida de agua de un río que corre con gran ímpetu.

144 *Desasida*: desprendida, despegada.

145 *Los herejes*: en este contexto, los protestantes (a diferencia de los infieles, término usado para referirse a culturas no cristianas y más específicamente a los musulmanes).

146 *Tañer*: tocar instrumentos musicales.

147 *Trabajo*: sufrimiento, dificultad (en este contexto).

quería llevar por su compañera a Inglaterra.[148] Halléme constante para obedecer al P. Luis de la Puente, que su consejo aseguraba el buen suceso; no me dio licencia.

Llegando en esta ocasión a recibir el Santísimo Sacramento, me hallé muy recogida, y me postré a los pies de Cristo N. S. conociendo mi flaqueza. Vi a su Majestad junto a mí, hablando unas palabras muy tiernas. Yo le abracé con entrañable amor. Díjome: Hija mía, déjame, que voy de priesa. Díjele: ¿Dónde vais? Respondióme: Voy a hundir unos Navíos,[149] que me tienen ellos muy enojado. Yo le repliqué, diciendo: Por vuestra Sangre, y Pasión Santísima, que no lo permitáis. Fuése apresuradamente, dejándome lastimadísima y llena de dolor, por ver la causa que a este Señor le dan los hombres con sus pecados para ejecutar en ellos tales castigos.

Dentro de poco tiempo vinieron nuevas que se habían anegado[150] tres Navíos. Hiciéronme mucha lástima los pecadores, y los tomé muy por mi cuenta, suplicando a Nuestro Señor los perdonase.

Estando otro día en Oración, me hallé en presencia de la Santísima Trinidad. Mostróseme muy enojado el Señor con los hombres; yo, llena de dolor, estaba pensando cómo le podría aplacar. Tomé la Pasión de Cristo Señor Nuestro por Medianera[151], y dije al Eterno Padre que por ésta me los había de perdonar, o borrarme del libro de la vida, pues me mandaba que amase a mi prójimo como a mí misma.

Pedí más al Padre Eterno, que por los cinco mil y tantos azotes me había de dar cinco mil Religiosos, convertidos de tibios [152] en fervorosos. Y pareciéndome poco por tan gran precio, le pedí cinco mil pueblos de Infieles. [153]

---

148 Luisa de Carvajal y Mendoza (1566-1614) es una figura importante de la época, tanto por las apasionadas y polémicas expresiones de su fe como por su labor como escritora. Una dama de familia noble, llevaba vida de monja con votos de pobreza y castidad fuera de un convento y sin pertenecer formalmente a una orden religiosa. Movida por su vehemente fe católica, emigró a Inglaterra en 1605 para predicar a los protestantes—considerados herejes—y convertirlos nuevamente al catolicismo. Murió en Londres diecinueve años después. También se la recuerda como autora de poesía religiosa.

149 *Navíos*: barcos.

150 *Anegarse*: hundirse en el agua (en este contexto).

151 *Tomar la Pasión de Cristo por medianera*. meditar sobre un episodio de la Pasión o el sufrimiento de Cristo antes de su Crucifixión como camino para alcanzar el estado de unión mística. La costumbre de meditar sobre el sufrimiento de Cristo era una práctica devota común de la espiritualidad femenina desde la Edad Media.

152 *Tibios*: con poca fe o devoción religiosa, en este contexto

153 Obsérvese cómo aquí Inés negocia con Dios, proponiéndole un trato: A cambio del sufrimiento físico de ella al azotarse cinco mil veces, pide que cinco mil frailes o sacerdotes con poca devoción religiosa se vuelvan fervorosos. Después, cambia los términos del trato, sustituyendo el renovado fervor de los religiosos por la conversión de cinco mil pueblos de infieles (no cristianos) al catolicismo.

Mirando a Nuestro Señor, le vi con una espada desnuda en la mano, para dar un gran castigo; y con gran dolor, que me tenía traspasado el corazón, le dije descargase sobre mí, y los perdonase, porque no sabían lo que hacían, ni le conocían. Y dije más a Nuestro Señor: Y Vos, Señor, concededme esta merced; por las Entrañas de vuestra misericordia, y por vuestro Unigénito Hijo, que me pongáis debajo de mis pies al Demonio; porque como es tan soberbio, y se verá a los pies de una hormiga como yo, será para él riguroso castigo, y seréis vos más glorificado. Al punto vi al Demonio postrado a mis pies, como una gran bestia acechando. Yo me hallé un cuchillo en la mano derecha, con que le abría el pecho, para sacarle las Almas que en él tenía. Y era tanta la hedentina [154] que despedía de sí, que me revolvía las entrañas.

Salieron de su lado derecho gran multitud de unas avecitas pardas, de color de ceniza. Las del lado izquierdo estaban tan apretadas, y como connaturalizadas con él, que por ningún caso salió ninguna.

Dióseme a entender que las avecitas que habían salido del lado derecho significaban y eran los pecadores que estaban con deseo de salir del pecado: y las otras entendí ser las que estaban contentas en él. Volvíme a Nuestro Señor con grandes gemidos salidos del corazón, pidiendo por los pecadores, y que con grande osadía, para prevalecer contra el Demonio, y quitarle la presa de tantas Almas, como le quedaron en su pecho; cuyo bien deseo, por redimidas con la Sangre de Nuestro Señor Jesucristo.

Estando con estas ansias, que me atravesaban el alma, vi venir cuatro sartas de hombres encadenados, vestidos de angeo,[155] atados por medio del cuerpo con cadenas. Estaban con gran sumisión, y vergüenza. Hablaron los cuatro primeros con mucha humildad, y dijeron: Pide al Rey mercedes; que si tú se las pides, él nos las hará. Volví sobre mí, temerosísima de oír estas palabras, que todos a una voz decían. Temí fuese el Demonio; y reparé que no había en mi corazón más que amor de Dios y del prójimo.

Tratélo con el Padre Luis de la Puente, y con Don Francisco Sobrino, que eran mis Confesores; y ambos aprobaron ser Nuestro Señor el que obraba en mí estas cosas. Sea bendito por siempre, que por tantos medios dispone la conversión de los pecadores.

---

154 *Hedentina*: mal olor, hedor.

155 *Angeo*: tipo de tela áspera de lino basto.

## X. Saca dos personas de mal estado[156]

Estando en mal estado un Sacerdote, que tenía fama de bueno, y a mí me había hecho muy buenas obras, y me confesaba muchas veces; yo le encomendaba a Nuestro Señor con gran voluntad, aunque no sabía que estaba en tan mal estado. Él lo disimulaba harto; mas estando un día en Oración, vi a Nuestra Señora, que le sacó de una oscuridad más oscura que la oscura noche. Sacóle de la mano, y llevómele. Yo la dije: ¡Tanto favor, Señora mía! Respondióme: Qué mucho, Hija mía, si cada día tomas a mi hijo en las manos, que le tome yo en las mías. Tómale muy por tu cuenta. Al punto propuse de ayudarle con ayunos, disciplinas y Oraciones, y los Demonios me comenzaron a perseguir visible e invisiblemente. Díjome el Demonio: ¿Por qué no me dejas, desventurada? Maldita tú seas, y maldito el que te confiesa: jurando con grande enojo, que se lo había de pagar. Una noche vino una multitud de Demonios, y me cercaron toda. Reñían unos con otros, jurando que me habían de despedazar. Yo tenía harto miedo; mas hice de la esforzada, y los comencé a desafiar. Vino uno muy grande, y muy fiero, que traía dos garfios de hierro, con un bastón largo, y riñendo con los otros, les dijo: ¿Qué hacéis ahí, cobardes? ¿Por qué no la habéis despedazado? Pues lo que vosotros no podéis, yo lo puedo. Estaba en parte donde si despertaban los de casa, me podían oír, y dije a los Demonios: Vámonos a otra parte, que aquí no habéis de hacer ruido. Fuíme a lo más retirado y escondido de la casa, y puesta de rodillas, adoré a la Santísima Trinidad, y púseme en sus Soberanas manos, y dije a los Demonios: ¿De qué sirven fieros contra una hormiga? ¿Cómo sois tan cobardes? ¿No bastaba uno para uno como yo? ¿Para qué habéis venido tantos? Para vuestra soberbia, mucha bajeza es esa; y si traéis licencia de mi Señor, comenzad luego a ejecutarla, y al punto desaparecieron todos, como si los tiraran saetas.[157]

Otra noche, yéndome a recoger, me cogieron cuatro Demonios, y

156 *Sacar a las personas de mal estado*. Se refiere al mal estado espiritual del alma que está en pecado. Sin embargo, en este tipo de textos, la expresión suele referirse específicamente (aunque no siempre) a salvar el alma de un sacerdote o fraile que, contrario a los mandatos de la Iglesia, no vive en celibato. En efecto, Inés especifica que esas dos personas eran sacerdotes y que al menos uno de ellos tenía una amante.

157 *Saetas*: flechas.

me dieron tantos golpes, que me dejaron casi muerta: y asiéndome[158] uno por la lengua y garganta, no me dejaba pronunciar el dulcísimo Nombre de Jesús. Mas como tenía el corazón libre, en él le llamaba, y con mi aliento salía este Dulcísimo Nombre. Soltóme la lengua, y llamándole a voces, huyeron los Demonios.

Otra mañana vinieron muy alegres, y arrancaban astillas de las vigas del aposento, y me las tiraban. Estaba acostada, y cerca de quien me podía oír. Dije a los Demonios, Ya sabéis, que aquí ha de haber silencio; vámonos allá fuera. Vestíme con toda priesa, y fuíme a lo más alto de la casa, donde tenía un Oratorio, retirado de todo el bullicio. Hubo grandes voces de los Demonios. Tenían grande rabia unos con otros; y parecía que cada uno me quería tragar. Yo, con un Crucifijo en la mano, pedía al Señor socorro; mas conocía tener bien merecido cualquier castigo, que todos juntos me hicieran por mis pecados; y aceptaba de buena gana cualquier tormento. Después de haber peleado largo tiempo, cuyo aliento solo bastaba para matar si el Señor no me fortaleciera, quedé rendida y acabada, que no me faltaba sino expirar. Dije al Señor: Ahora, Señor, pelea tú por mí, que yo me dejo en tu Santísima voluntad. Andaba un perro muy rabioso y muy grande dando bufidos de una parte a otra por el Oratorio, y echóle junto a mí. Sonriéndome, le miré y le dije: ¿Tú eres el que tanto ruido haces? Al punto él y sus compañeros desaparecieron, saliéndose por una reja. Quedé muy consolada desta misericordia que el Señor me hizo, y no quedé medrosa,[159] ni acobardada. Sea su Majestad bendito por todo. Amén.

Yendo a ver este Sacerdote, que he dicho, que estaba dos leguas del Lugar, donde yo vivía, posé [160] en casa de una mujer, con quien él tenía amistad, [161] y me descubrió lo que yo no sabía del mal estado de aquel Sacerdote; y ella me pidió la sacase del trato que tenía con él. Procurélo, y que hiciese Confesión general [162]: y fue su Majestad servido, que desde entonces, ambos viviesen muy ejemplarmente; y ella, dentro de poco tiempo, murió.

Estando en casa desta mujer una mañana en Oración, oí cantar un

---

158 *Asir*: agarrar.

159 *Medrosa*: temerosa, con miedo.

160 *Posar*: hospedarse; recibir posada

161 En la época, la expresión «tener amistad» un hombre y una mujer era un eufemismo para ser amantes, o sea para tener una relación sexual.

162 *Confesión general*: La confesión general es un recuento de todos los pecados de la vida de la persona hasta el momento de confesarse.

cantar muy suave. Quedé suspensa y halléme en un Desierto, donde estaba una niña, como de dos a tres años. Era grande su hermosura: tenía un manto de color de Cielo. Estaba echadita en la tierra, y el Espíritu Santo en figura de Paloma, que la estaba infundiendo sus rayos, y ella por todas partes rodeada de Serafines, sobre quienes tenía la Paloma tendidas sus alas. Quedé con una grande admiración y tuve por cierto que esta niña era Nuestra Señora; y me dio un grande afecto con ella. Mas oí una voz, que salía del mismo Espíritu Santo, que me dijo: No es sino tu Alma. Quedó tan estampada en mi memoria esta visión, que me parece no se borrará della, aunque viviera muchos años; pues habiendo más de treinta que pasó esto, está en mí tan presente como si lo acabara de ver.

Quedé con tales ansias de conocer y dar a conocer a este Dios, lleno de tanto amor para con sus criaturas, que le tenía envidia al aire, Sol, y agua; y me volvía a Nuestro Señor y con unas quejas llenas de compasión, decía a su Majestad: ¿Por qué, Bien y Esperanza mía, me la ha de ganar el aire, que a todas las criaturas refresca y alienta? ¿Y el agua, que a todas las criaturas sirve? ¿Y el Sol, que las calienta y alumbra? O pluguiera [163] a tu bondad, que me viera yo quemar en todas las Plazas del Mundo, y de mis cenizas repartiera el aire por todas tus criaturas, para que ellas fueran lenguas, que dieran a conocer que eres Sol de Justicia.

## XI. Refiere ciertos favores, que el Señor la hizo para darla a entender lo mucho que su Divina Majestad amó los Conventos de Valladolid y Palencia.

Puesto ya en forma el Convento, vi a Nuestro Señor en medio de dos Leones, muy encendidos, de color de oro. Diome a entender, que uno era su Fortaleza y el otro, su Ciencia, y que con sus plantas [164] preciosísimas venía a infundir en sus Esposas estos Soberanos Dones. Traía a su Santísima Madre de la mano, y paseábanse por el Claustro muy despacio, que está delante. Iban hablando con grande gusto,

163 *Pluguiera*: imperfecto de subjuntivo del verbo «placer» o agradar; hoy diríamos «plazca» o «agrade».

164 *Plantas*: pies, plantas de los pies.

mostrándole en el rostro. No entendí ninguna palabra; pero dejáronme consolada con su presencia. Quedé con grande estima desta Casa, por ver lo que su Majestad se deleitaba en ella.

Otro día vi un gran fuego, que bajaba sobre las Religiosas desta Casa. Hizo en mí grande afecto de confusión, y derramé muchas lágrimas, alabando al Señor, por ver cuán liberalmente derramaba sus misericordias sobre éstas sus Esposas.

Otro día me hallé en la presencia de Nuestro Señor, con su Majestad Sacramentado en el Pecho. Parecióme era mi corazón una Custodia de oro. Veíale en él con los ojos del Alma, con grande claridad; y sobre mis hombros tenía dos torres fortísimas, y en la mano derecha tenía una espada desnuda, cuya empuñadura era la Cruz. En la mano izquierda tenía un bastón muy grande. Estaba ceñida con una cinta fortísima, adornada con unas piedras, que resplandecían como espejos, y en ellos veía unos rostros de personas vivas, que me causaban terrible temor; porque me hallaba yo también terrible; y hallándome con este temor, y llena de confusión, vi al Señor, que benignamente me decía: Terrible estás, Esposa mía, ¿qué me pides? que todo cuanto quisieres haré, a trueque de contentarte.

Dióme Nuestro Señor a entender que las torres eran la Fortaleza; la Custodia, el Amor que se me comunicaba para los prójimos; la espada, la Fe; la Esperanza, el bastón; y la Cinta, el celo de la salvación de las Almas.

Estando con grandes ansias de verme con estos Serafines (que así llamaba yo a las de la Encarnación) teniendo ya licencia de mis Confesores para ello, fuime a recibir el Santísimo Sacramento, en hacimiento de gracias de tan gran misericordia. Estando para recibir a su Majestad, teniéndole el Sacerdote en las manos, llegaron dos Santos, que me pareció eran San Pedro y San Pablo, y atándome por la cintura con una cinta encarnada, me llevaron levantada del suelo a recibir el Divinísimo Sacramento, que me dijo: ¿Por qué me dejas solo? Quitóme los deseos de ser Monja, y quedé como una tabla rasa, aunque con gran pena porque no sabía yo qué me pudiese querer el Señor en mí que fuese más agradable, que por negar mi voluntad en la Religión por su amor.

No pasó hora y media antes que me sacase el Señor desta duda, dándome a entender cuál era su voluntad Santísima. Llamóme un Caballero muy Santo, en la común opinión, que se llamaba Don Pedro Reynoso. Díjome que deseaba comunicarme un secreto, pero que como me veía resuelta a entrar Monja, lo había disimulado tres meses: que él deseaba hacer un Convento de Recoletas Agustinas en Palencia, que si quería yo hacer por él lo que por éste de Valladolid, buscando buenos sujetos, y con ellos dotes de importancia: con que se dilató mi corazón, con grandes esperanzas, y me ofrecí de muy buena gana a hacer, y padecer todo lo que Nuestro Señor quisiese. Fueron tantas las contradicciones, que por cuatro años nos hizo resistencia el Infierno; mas la misericordia de Nuestro Señor nos fue tan favorable que nos dio ánimo para pelear con tantos enemigos, y dio bien que hacer.

## XII. De las contradicciones de la fundación de Palencia y tiene efecto.

Vencidas las dificultades, salieron de Valladolid las Fundadoras. Hicieron noche en Cigales. Aposentólas [165] el Santo Cura Vallejo: y fue tanto el afecto y amor que las Doncellas de aquel Lugar cobraron a las Religiosas, que se conocía ser el Espíritu Santo el que las movía; pues de tal suerte las dejaron heridas de su Amor, y tan deseosas de gozar de su compañía, que muchas de ellas lo pusieron por obra, y todas profesaron [166] a gloria de Nuestro Señor, que fue una de las cosas que reparé, que su Majestad hacía por estas Siervas suyas. La otra es que, haciendo noche en la Villa de Ampudia, las hospedaron con consuelo y agrado de las personas más Nobles y ricas de aquel Lugar, no reparando el gran gasto que hicieron con las Religiosas y con todos los que las acompañaban, que como he dicho, eran muchas personas. También obró aquí el Señor sus maravillas, dándoles grande estima desta Sagrada Religión, de donde algunas tomaron Hábito, y profesaron en este Santo Convento, que se fundó en Palencia, a mucha gloria de su Majestad. A la salida de Ampudia, cerca de Nuestra

---

165 *Aposentar*: hospedar, dar posada.

166 *Profesar*: hacer los votos finales para convertirse oficialmente en monja.

Señora de Alconada, donde iban a oír Misa y recibir el Santísimo Sacramento, estando toda la grada llena de Religiosas, por haber dado el Hábito a algunas en Valladolid y otras que iban para tomarle en la Fundación, yo me consideré a Nuestra Señora, muy llena de gozo y alegría, de tener allí tantas Esposas de su Hijo, y la comencé a decir muchas simplezas. Aquí en este Desierto, Señora, habéis tenido tantas Almas tan puras. ¡Qué ancha y llena de contento debéis de estar! Yo lo estaba tanto, que me llegué a Nuestra Madre Fundadora y le dije lo referido, que había dicho a Nuestra Señora; y me respondió: Pues no lo diga de burlas, que verdad es lo que dice; porque nos salió a recibir al camino; y llegó hasta la Cruz: y esto es cierto; porque no ha faltado quien lo ha visto.

Habiendo llegado las Fundadoras a Palencia, las llevaron a la Catedral, y de allí al Convento, acompañándolas el Obispo, Cuidad, y Cabildo, con tanto concurso[167] de gente, que no nos dejaban dar un paso. A este tiempo que salíamos de la Iglesia, se llegó a mí un hombre muy enojado, a modo de Soldado, mal vestido. Tenía muy feroz y mala cara, y parecía que con ojos y boca me quería tragar. Díjome a voces: Tú, Demonio, ¿qué haces aquí, que tú enredas todo esto? Y mostrando mucha cólera, en un instante despareció de delante de nosotras. A mí me pareció que era el Demonio, que daba bien a entender, con su sentimiento, la guerra que estas Esposas de Nuestro Señor Jesucristo le habían de hacer en Profesión de tanta perfección, y observancia.[168]

Estando ya hecho el concierto para tomar el Hábito de Monja en Valladolid, yendo a recibir el Divino Sacramento, como ya tengo dicho, oí una voz que me dijo: ¿Por qué me dejas solo? Dióseme a entender que por entonces no quería el Señor me entrase Monja, sino es que ayudase para que se hiciese este Convento; y en menos de dos horas, me ofreció la persona que tengo dicho (que fue el Santo Don Pedro Reynoso) quinientos ducados de renta, casa bastante para el Convento, toda la plata que la Sacristía hubiese menester y otras cosas para servicio del Culto Divino: y así lo cumplió con mano liberal.

Yo me fui a la Fuente de la Gracia, que tiene por título ser Madre de Misericordia, y es Medianera entre Dios, y los hombres.[169] Saliendo

---

167 *Concurso*: reunión, grupo de gente reunida

168 *Observancia*: obediencia a las reglas de la orden religiosa.

169 *La Fuente de la Gracia*.... Aquí se refiere Inés a la Virgen María; específicamente, va a la iglesia dedicada a Nuestra Señora de Alconada para pedir la protección de la Virgen.

de Valladolid, me fui a Nuestra Señora de Alconada, junto a la Villa de Ampudia, para tener una novena, pidiendo a la Sacratísima Virgen fuese mi Protectora, y me alcanzase de su precioso Hijo luz para obrar todo lo que fuese de su agrado: y después de quince días, no se me ofreció cosa ninguna, digo afecto particular. Fuíme a recibir el Divino Sacramento, para partirme a Valladolid, y díjele a Nuestra Señora: Yo estoy muy contenta de que me habéis dejado estar en vuestra Casa estos quince días, sin haber tenido un buen pensamiento; pero, pues vos lo queréis, yo también lo quiero, que sea así. Mas suplícoos, por ser vos quien sois, me echéis vuestra bendición, para que me acompañe en este camino, a gloria de Nuestro Señor. Y recogime a lo interior con el Divino Sacramento, y me dormí, no lo sé; sólo digo la verdad, que se me apareció Nuestra Señora junto a mí, vestida de blanco, en Hábito de Recoleta, con unas Horas [170] abiertas en las manos, del Rezo de la misma Señora [171] y me dijo: Ea Hija, ya vengo, ya te traigo el *Sí* de que se hará el Convento como lo creíste, y esperaste. Otras cosas que me pasaron con esta Divina Señora son más para sentir que para poder decirlas; mas quedáronseme como selladas en el corazón.

Esta misma Señora se me apareció, siendo yo de edad de cinco años, o seis, con el mismo Hábito, y figura. También la vi otra vez, haciéndome un grande favor, mostrándome cómo tomaba la posesión del Convento, comenzando desde el Ante-Coro [172] y Coro, que es ahora contenta de dejar por Piedras fundamentales de aquel Edificio[173] tan aventajados sujetos, como el Señor había sido servido de darnos; deseando, a mayor gloria de su Majestad, con el ánimo que para ello me daba dar la mano, en cuanto pudiese, a estos dos Sagrados Conventos de Valladolid y Palencia; en lo Espiritual, y temporal.

---

170 *Horas*: libro de devoción, específicamente con oraciones a la Virgen María (en este contexto)

171 *Unas Horas ... del rezo de la misma Señora*. El *Diccionario de Autoridades* confirma la descripción del libro devoto al que se refiere Inés aquí. «Horas» es el «librito o devocionario en que está el Oficio de Nuestra Señora, y otras devociones que rezan los Seglares, que no tienen obligación de rezar el Oficio Mayor». Es decir, las Horas es un libro con misas y oraciones a María usado por personas que no son sacerdotes, frailes o monjas.

172 *Antecoro*: la sala de la iglesia que está antes de la sala o sección del coro.

173 *Piedras fundamentales de aquel edificio*. Expresión metafórica para referirse a las monjas fundadoras y los patrocinadores del convento. La piedra fundamental es la piedra base (en inglés *cornerstone*) de un edificio. El edificio en este contexto es el convento.

## XIII. Padece una enfermedad, y peleas con el Demonio, y se ve en el Juicio de Dios.

Vuelta a Valladolid, yendo un día por San Benito el Real, tuve un profundo recogimiento, y en él, una alta contemplación. Infundióme Nuestro Señor una paz, y Mar Océano de deleites. Paréceme duraría como un cuarto de hora. Paréceme, y es cierto, me metieron en el gozo de mi Señor. También quedé cierta de que no cabe debajo de merecimiento humano recibir esta misericordia, por grande que sea; y de que sola la misericordia, y piedad de este Señor Todopoderoso y misericordioso, hace lo que quiere, cómo y cuándo quiere de sus criaturas, sin faltar merecimiento ninguno en ellas, sino es con sola su bondad, se deja derramar sus tesoros. Alábele el Cielo, y todo lo criado, y lo que ha de criar, y sea de todos temido, y reverenciado, pues tan digno es de ser servido.

Serían como las seis de la tarde, cuando me sucedió esto: y acostándome aquella noche buena y sana, a cosa de la una de ella, me dio un mal tan terrible, que en tres días me sangraron cinco veces, y en cinco, dicen que me echaron más de doscientas ventosas [174] y paró en una fuerte disipula. [175] Quedé ciega, y sorda. Temía el Doctor Martínez Polo, que me curaba, que si me llegaba al corazón, moriría al punto. Dejó ordenado cierto remedio, que se hiciese a cualquiera hora de la noche, que sintiese alguna congoja. Acudíame en esta enfermedad una gran Sierva de Nuestro Señor, y hallándome con mucha necesidad de que se me aplicase dicho remedio, la pedí me hiciese caridad. Ella la tenía muy grande: mas permitió Nuestro Señor, que se fuese a rezar. Esperéla tres cuartos de hora, bien congojada; con que iba a tener sentimiento de la Sierva de Dios, por la falta que me hacía; mas volviéndome a su Majestad, con todo mi corazón le dije: Mira,

---

174 *Sangrías y ventosas*: dos tipos de tratamientos médicos de la época. Las sangrías (en inglés *bloodletting*, *phlebotomy*) consistían en abrir estratégicamente ciertas venas para dejar salir la sangre enferma. La ventosa (en inglés *moxibustion*) era un método de extraer los humores malos del cuerpo por medio de la succión. El procedimiento consistía en usar la combustión para crear un vacío (en inglés *vacuum*) en un pequeño vaso de vidrio que luego se aplicaba a la parte afectada del cuerpo.

175 *Disípula*: Según el *Diccionario de Autoridades*, disipula es una enfermedad «lo mismo que erisipela». La erisipela es una infección de la piel caracterizada por enrojecimiento y fiebre.

Señor, qué llena estoy de soberbia, y presunción, pues quiero yo que me acudan.[176] Y hablando conmigo misma, decía: ¿No sabes que eres merecedora de los Infiernos, y que eres una pobretona, que no (sic) mereces estar en la calle? ¿Qué importa que te mueras? No se perderá nada en perderse tu vida. Donoso [177] costal de gusanos [178]: y estando dispuesta para rendirme a la muerte, le dije a Nuestro Señor hiciese de mí como de cosa suya.

A este punto sentí que me hacían el remedio con mucha caridad; no conocí quién, sólo vi, que era mujer que estaba de rodillas delante de mí; y se ocupó en esto como media hora, sin hablarme palabra, ni yo a ella. Halléme mejor, y estuve todo este tiempo con mucha confusión y vergüenza por ver el cuidado con que Nuestro Señor me socorría en esta necesidad. Desapareció esta persona; y como cinco cuartos de hora después, vino la Sierva de Dios, que me acudía, pidiéndome muchos perdones. Díjela no tenía qué perdonar, que ya estaba mejor. Enviéla a reposar, y ella porfiaba a quererme hacer los remedios; mas como los tenía recibidos, no la dejé, pareciéndome superfluos. Sea el Señor bendito por todo, que tantas misericordias usa y ha usado con una criatura tan ingrata.

Tuve en esta enfermedad grandes pelcas con los Demonios. Paréceme que me duraron tres días con sus noches. Eran tantos, que no parecía había número para poderlos contar. Había grande barahúnda[179] entre ellos. Estaban muy enojados unos con otros. Y las veces se juntaban que parecía el aposento en que yo estaba un Infierno. Otras veces se dividían en cuadrillas en el mismo aposento, y cada una de estas cuadrillas tenía uno que las gobernaba. Estaba un demonio muy fiero a un lado de la cama. Parecióme un Lucifer, porque todos los demás le obedecían; y llamaba a cada cuadrilla de por sí. Reñíalos mucho, y ellos también lo voceaban harto. Llegábanseme, y era grande el fuego que me pegaban con su aliento. Venían vestidos de Galeotes:[180] mirábanme muy airados. Llegóse aquél que los mandaba, y díjome con grandes fieros: Ven acá desventurada, ¿quién te dijo a

---

176 *Acudir*: ayudar, dar asistencia (en este contexto).

177 *Donoso*: agraciado.

178 *Donoso costal de gusanos*: metáfora irónica de Inés para referirse a su cuerpo con menosprecio. El cuerpo de Inés es un agraciado saco (costal) de gusanos, ya que al morir va a experimentar la descomposición.

179 *Barahúnda*: confusión o ruido grande, bulla.

180 *Galeotes*: presos que cumplen su condena remando en las galeras (barcos de remo y vela) del Rey.

ti, que hay Dios? [181*] Pues ni le hay, ni lo puede haber. No le hablé palabra, sino dile muchas higas. [182] Huyó de mí, como si le tiraran lanzas. Yo, con lo profundo de mi corazón me volví a Nuestro Señor, y le amé, y adoré, y reverencié por Señor de Cielo y tierra, quedándome en silencio.

Volvió el Demonio otra vez a decirme: Si te dije que no había Dios, mentíte, que Dios hay; mas el Dios de los Cristianos, que vosotros creéis, es tan humilde, y tan amigo de humildes, que el que no lo fuere, no entrará en el Cielo: y tú eres tan soberbia que te pones cara a cara a hablar con él, como si fueras su igual. Tú no sabes cuál es la verdadera humildad; yo te la quiero enseñar.

El verdadero humilde, la boca y el corazón ha de traer arrastrando por la tierra, sin levantar los ojos a tan tremenda Majestad. Según esto, respóndeme si eres humilde. Recogíme a lo interior de mi Alma, y dije al Señor: Señor mío, ¿qué responderé a éste que pide respuesta? Díjome Nuestro Señor: hija, yo soy el humilde, que vosotros sois la misma soberbia. Dile que no eres humilde. Díle esta respuesta al Demonio, que sentado en una silla la esperaba. Díjele: No soy humilde. Respondióme: Pues despídete del Cielo. Díle muchas higas, haciendo mucha burla dél. Estaba tan acabada, que con toda verdad, pensé era la última hora de mi vida: y el Demonio parece también lo entendió, según andaba cuidadoso.[183] Padecí grandes desconsuelos. Parecíame había Nuestro Señor dejádome sola, aunque la voluntad no dejaba de estar conforme con la de mi Señor, ni dejaba de llamar a las puertas de su Misericordia para que me socorriese de tan terribles peleas, y cómo ellas son y lo que en ellas se padece, va mucha diferencia de pasarlo a lo que se puede decir.

Parecióme estaba Nuestro Señor muy enojado conmigo, por mis grandes ingratitudes y pecados. Por últimas palabras de mi vida, le dije (a mi entender) a Nuestro Señor: Vos, Señor, sois Justo, y amigo de que cada uno dé a su Dueño lo que es suyo. Vos, de Justicia me debéis dar lo que no es vuestro, que es vuestra Pasión Santísima, si pa-

181* Nota de Alonso de Villerino en el texto original: «Uno de los ardides del Demonio es poner el corazón del pecador de sentir que no hay Dios, según David, Salmo 3 [...]».

182 *Higa*: un gesto de burla o desprecio que se hacía con la mano, cerrando el puño y mostrando el dedo pulgar entre el dedo índice y el dedo corazón o dedo del medio. También se usaba para combatir el mal de ojo. La misma Santa Teresa de Ávila, en el capítulo 25 del *Libro de la Vida*, da «una higa a todos los demonios» para mostrar que no les tiene miedo.

183 *Cuidadoso*: preocupado.

decisteis por vuestros pecados, yo callaré. Mas pues no los tuvisteis, ni los pudisteis tener, para mí padecisteis todos vuestros trabajos: y abrazada con ellos, me entraré por los Infiernos; que estoy cierta, me respetarán los Demonios, y temblarán de vuestra Sacrosanta Pasión, y con esto me eché a morir.

Halléme en la presencia de Nuestro Señor, como en la de un Juez riguroso. No le vi glorioso, mas humanado; y también los que estaban con él. Yo estaba apartada, y dijo el Señor con gran severidad: Tráiganme acá esa Mujer. En un instante me hallé junto a su Majestad, donde se refirió el proceso de toda mi vida mal gastada. Miré a una parte y a otra, para ver si hallaba alguna obra buena, para satisfacer a los cargos que me hacía: y digo verdad, para gloria de la Santísima Trinidad, que no me acuerdo; y así lo tengo por cierto, que nunca hice cosa con intento [184] de agradar a criatura alguna, ni de que me tuviesen por buena, sino es sólo por amor de Dios. Muchas hacía con descuido, por la inclinación que Nuestro Señor me daba a lo bueno: y por éstas me hallaba gravemente reprendida de mi conciencia, por no las haber hecho con toda perfección, dándolas el fin glorioso del amor de Dios. Estaba confusa, y muy temerosa, esperando la sentencia que bien sentí fuese de mi condenación. En este juicio hubo silencio por un rato en el Señor, y en los que estaban presentes. Volví en mí, pasado este rato, bien asombrada y confundida.

Quisiera hacerme lenguas con que dar a entender esto a todas las criaturas. Quedé muy lastimada de verme con vida, que tan mal había sabido emplear; y con ansias de mi Alma suplicaba a Nuestro Señor que se dignase de llevarme, pues tan poco se servía de mí. Vino luego el Señor, de edad perfecta; díjome estas palabras: Ea, Hija mía, ya yo había dado fin a tus deseos, y estaba dada la sentencia de tu muerte: yo te quería llevar conmigo, en compañía de mis Bienaventurados; mas estando en este punto diciendo Misa un Sacerdote, muy Siervo mío, teniéndome en sus manos, me pidió por mí mismo, y por todos mis Amigos, los que tengo en el Cielo (que son muchos, Hija mía, y tú no los conoces; téngolos inmenso amor) y por ellos me pidió, no desconsolase a Valladolid, ni los dejase afligidos con tu muerte. Yo, con mi gran piedad, se lo concedí a este Siervo mío. Díjome su nombre. Era muy conocido mío, y me tenía grande afecto, por su gran

---

184 *Intento*: intención.

caridad. Llamábase este Sacerdote el Licenciado Cevallos, conocido y estimado en esta Ciudad por su virtud. Yo, como llena de soberbia, y falta de resignación, con dolor de mi corazón, respondí: Perdónelo Dios, que tanto mal me ha hecho. Poca necesidad tenía de meterse en eso. Dejárame acabar con tan mala vida. Y como veía quedaba en ella, dije a mi Señor Jesucristo tuviese por bien darme salud para entrarme luego monja en la Encarnación de Recoletas de mi Padre San Agustín, en esta Ciudad de Valladolid, donde todo esto me ha sucedido. Y estando el Señor con grande afabilidad, hablando conmigo, como habla un íntimo amigo con otro, se fue sin responderme palabra. Quedé muy admirada y confusa de ver la presteza con que se me fue su Majestad; y quedé dando quejas de no saber qué fuese la causa. Volvió luego este piadoso Señor Mío, y díjome: Ya vengo, Hija mía; ¿qué quieres que haga por ti, que yo lo haré? Y como ya le había pedido el ser Monja, dejéme en su providencia y supliquéle mandase a aquella multitud de Demonios que tenía en el aposento; con cuya asistencia, tanta pena recibía, y tan atormentada me tenía su vista, que se fuesen. El Redentor piadosísimo levantó los ojos hacia aquel Demonio mayor, a que todos obedecían, y le dijo con gran mansedumbre: Anda, vete. Al punto se fue como un rayo, y todos los demás le siguieron.

Preguntóme Nuestro Señor otra vez, diciendo: ¿Qué quieres que haga por ti? que cuanto me pidieres haré. Halléme tan acabada de fuerzas, con los muchos desvelos, y trabajos de la enfermedad, que le supliqué me diese un poco de sueño: y el Señor, como Padre benigno, manso y humilde de corazón, como una madre muy piadosa, me recostó en su Sagrado Pecho, y con su brazo derecho me amparaba, para guardarme el sueño. Dormí como tres cuartos de hora, con gran descanso. Desperté con gran fervor, hallándome en los brazos de mi Señor, bien confusa y avergonzada de verle tan humanado. Díjome: Tú despertaste, que yo no te despertara;[185*] y quedé desde aquella hora con notable mejoría: y desde aquel punto fue en aumento.

185 * Nota de Alonso de Villerino en el texto original: «Decir el Señor que no la despertara, no se debe entender que despertó sin concurso de Dios; porque habló del especial cuidado con que cuida de sus Siervos.» Luego cita Villerino en latín el Salmo 16, Salmo 33, Zacarías 2 y Mateo 10.

## XIV. Muéstrala Nuestro Señor su corazón, y saca a dos personas de mal estado, y de peligro de desesperación[186]

Estando un día en Oración, muy deseosa de darle a Nuestro Señor un corazón muy puro, lastimada de ver cuán impuro le tenía para ofrecerle al Señor, vi al Señor de la Majestad Eterna en su Cielo, que tenía un corazón grande en sus manos. Díjome, Hija mía, éste es tu corazón, que ya le tengo por mío. Quedé desto tan admirada, que me obligó a dar gritos, sin poderme ir a la mano, con el grande dolor que me causaron mis pecados, y ver la gran bondad de Nuestro Señor, en querer admitir corazón tan impuro. En esta ocasión llegaron dos Siervas de Dios, que lo eran mucho, a quererme socorrer, pensando que el Demonio me atormentaba: y no fue pequeño tormento no lo haber pasado en silencio. Desapareció el Señor, dejándome con mucha confusión y vergüenza.

Otro día, yendo a confesarme, y recibir el divino Sacramento, cerca de llegar a la Compañía de Jesús, [187] se me representó una visión de una mujer muy pobre, casi medio desnuda, cubierta con unos andrajos, y muy flaca. Dijéronme: Ésta es tu Alma. Causóme grande temor su vista, por parecerme había recibido en mal estado tantas veces el Divino Sacramento; y que todas las Confesiones habían sido mal hechas, y que estaba Nuestro Señor muy enojado conmigo. Una Sierva de Dios, que me llevaba de la mano, juzgó me había dado alguna repentina enfermedad. Díjela que no estaba buena, y recogime a una Capilla de un Santo Crucifijo, derramando muchas lágrimas, con sollozos, y suspiros, que salían de lo íntimo de mi Alma. Presenté al Señor todopoderoso mi pobreza, y arrojéme en aquel piélago [188] inmenso de su Santísima Pasión. No sé si me quedé dormida, o si me llevaron arrebatada. [189] Halléme en un Palacio, donde estaba un Señor muy Poderoso. Servíanle con gran reverencia sus criados. Halléme muy confusa delante de criados tan puros. Lleváronme a un retrete,[190]

186 *Peligro de desesperación*: En el español de la época, «desesperación» y «desesperarse» eran eufemismos para referirse al suicidio. En este capítulo Inés disuade a una mujer que está a punto de suicidarse.

187 *La Compañía de Jesús*: los jesuitas.

188 *Piélago*: mar profundo.

189 *Arrebatada*: transportada (en un viaje místico).

190 *Retrete*: cuarto pequeño; no tiene el significado actual de cuarto del excusado o baño.

adonde el Señor me esperaba; y entrándome allá dentro, dijo el Señor a sus criados: Traedme los andrajos de esa mujer; porque ellos son los que me recrean, y me dan descanso. Los criados, admirándose unos con otros, se los llevaron con gran presteza; y a mí me infundió el Señor tal amor, que no hay palabras para declararlo. Él mismo se bendiga, pues se conoce, y comprende.

Estando otra vez cerca de las doce de la noche con necesidad de reposar por haber tenido aquel día mucho que hacer, a la una de la noche me llamaron con gran priesa, diciendo: Levántate a orar, porque se abrasa la Casa de Dios. Levantéme luego al punto con gran priesa, diciendo con mucho afecto: Fuego, fuego, que se abrasa la Casa de mi Señor. Diéronme a entender que eran muchos los pecados, y que se consumían las Almas en vicios.

Este fuego, que yo pedía, era el del Espíritu Santo, para que se derramase en su Iglesia, y sin saber lo que hacía, repetí muchas veces: Fuego, fuego, puesta de rodillas, descalza, y casi desnuda; porque no me dieron lugar a vestirme; cruzadas las manos, puse el corazón en Dios Trino, y uno, derramando muchos (sic) lágrimas, le suplicaba tuviese piedad, y misericordia de sus criaturas porque estaban locas y ciegas.

Estando en esta aflicción, con profundo dolor de mi corazón, vi a Nuestro Señor Jesucristo junto a mí con la Cruz a cuestas. Díjome, Hija mía, por mi amor te pido que me ayudes a llevar esta Cruz. Al punto desapareció, y dejóme lastimada, más de lo que yo lo estaba, y dudosa de no saber qué Cruz quería le ayudase a llevar: mas hallábame muy pronta [191] para cualquiera que fuese.

Estuve suspensa un poco, y hablando con su Majestad, le dije: Señor, ¿qué quieres que haga? Si quieres que me vaya a un Desierto, al punto lo pondré por obra. Y pues eres Verdad, Camino, y Vida, dame luz para que conozca tu voluntad. Díjome el Señor, con unas palabras muy claras: Pide a mi Padre mercedes, que si tú se las pides, él te las hará. Yo, llena de confusión, y vergüenza le dije: ¿A mí, Señor mío, mandáis que pida, siendo la misma ignorancia e ingratitud? Pedídselas Vos, Señor mío, que será agradable vuestra petición. El Señor me habló con severidad, diciendo: Acaba ya de ser la que eres, y sé lo que soy yo. Tuve por cierto era el Demonio, que me quería engañar, en figura de Cristo Nuestro Señor; y con amargas lágrimas dije a su

191 *Pronta*: dispuesta.

Majestad: ¡Ay de mí, Señor! que si tal licencia dais al Demonio que tome vuestra Cruz para engañarme, ¿a quién tengo de creer? Díjome el Señor: Hija mía, yo soy el que soy, y nunca te he engañado, sino he sido fiel amigo. Si te digo que dejes de ser lo que eres, y seas lo que soy yo, es que seas humilde, mansa, y muy afable para con mis criaturas y que me consueles a los afligidos que yo te envío.

Este mismo día, a mi parecer, estando recogida con Nuestro Señor, llegó a mí una persona muy afligida; despedíla, no sabiendo su trabajo,[192] pidiéndola que no (sic) lo dejase para otro día: con la reprensión que me había dado su Majestad, luego a la mañana fui a buscar a aquella persona a su casa, y no la hallando, subí hasta los desvanes, donde tenía echado un cordel para ahorcarse, y debía de haber hecho las diligencias para ello, porque estaba muy amoratada y fierísima y tan turbada, que con quererme mucho, no me hablaba palabra, sino es mirábame con unos ojos muy airados. Hícela muchas caricias y nos sentamos donde ya tenía echado el lazo, y díjome, Ya yo estoy condenada, y el remedio que tengo, es ahorcarme porque quien ha sido tan traidora a Dios no merece perdón. Esta persona trataba de virtud de Oración, y de recibir los Sacramentos a menudo; y siendo solicitada y perseguida, cayó en una flaqueza y por no la descubrir a su Confesor, le pareció no tenía otro remedio sino es ahorcarse.[193] No la solté de la mano; y el Señor puso aquí la suya todopoderosa.

Llevéla conmigo a otro Confesor, que no la conocía; de modo que ella se confesó, y quedó oculto su trabajo, y con mucho consuelo prosiguió de aquí adelante con sus ejercicios de virtud. Yo quedé bien temerosa y penada, por la falta de caridad que había tenido cuando me quiso hablar, porque después me dijo se había tenido por dejada de la mano de Dios, pues no la había querido oír, que tal era la Fe que su Majestad quería tuviesen con esta pecadora.

Sucedióme otra vez otro caso notable con un mancebo de hasta veinte años, que había dado rienda a sus apetitos [194]; y por remate de

192 *Trabajo*: sufrimiento, aflicción, dificultad.

193 *Siendo solicitada y perseguida*: O sea, la mujer fue seducida y acosada por un hombre y tuvo relaciones sexuales con él. Luego le dio vergüenza revelar sus acciones al sacerdote durante el sacramento de la confesión.

194 *Había dado rienda a sus apetitos*. Los 'apetitos' son en la época un eufemismo para los deseos—más específicamente, los deseos sexuales— por lo cual queda claro que este joven cometió algún tipo de transgresión de índole sexual que al parecer no podía encubrirse o remediarse por medio del matrimonio. Obsérvese cómo acude a Inés de la Encarnación como a una madre para buscar consejo y consuelo. El hecho de que el muchacho quisiera huir a tierras lejanas exóticas y no cristianas (donde nadie lo conociera) y su propia calificación de su conducta como «vida mala», según los valores de la época, sugieren que pudo tratarse de encuentros homosexuales.

todos sus males, se determinó de dejar nuestra Santa Fe, y se quería ir con unos Embajadores Persianos que estaban aquí, en tiempo de Corte. Mas el Padre de las Misericordias le socorrió, por su Santísima Madre. Hizo propósito el tal de irse aquellos días a despedir de Nuestra Señora del Pozo, en San Lorenzo; y todas las veces que iba, le decían que me hablase, que yo le daría remedio para sus males: mas como ya le parecía no le tenía, resistió por cinco veces que se lo mandó Nuestra Señora. A la postrera, sintió tanta fuerza, que ya no lo pudo resistir, y me fue a buscar a las siete de la noche, y con grandes lágrimas, y dolor de su corazón, y fuertes gemidos, me decía: Madre, ya yo estoy condenado, compadézcase de mí; y si no quiere, que los Demonios me lleven esta noche, oiga mi vida mala, que como mi Madre me oiga, tendré esperanza de remedio, que Nuestra Señora del Pozo me envía a mi Madre. Parecía, según eran sus ansias, que tenía gota coral. [195] Yo, con grande ánimo, desconfiada de mí, y confiando en las Entrañas amorosas de Nuestro Señor, que quiso morir para que el pecador viviese, le oí todo lo que me quiso decir para su consuelo; y animándole mucho a confiar en la gran misericordia de Dios, fue cobrando ánimo. Díjele que volviese otro día. Llevéle a Confesar con un Padre de la Compañía, que se llama Gaspar de Espinosa, y tenía Don particular para tratar Almas. Este Padre le recibió con mucha caridad, consolándole, y animándole. Con esto fue Nuestro Señor servido, que aquel hombre salió libre de aquella sujeción del Demonio.

## XV. Prosigue en la Caridad de los Prójimos, y resucita un niño difunto

Un caso me sucedió con una mujer, que habiendo sido un tiempo muy virtuosa y honrada, emparentada con lo mejor del Lugar en que vivía, se dejó vencer de un mancebo rico y Noble que puso en ella los ojos, de suerte que vino a caer en flaqueza: y viéndose de modo que no podía ser oculto su trabajo, se determinó a echarse en un pozo,

195 *Gota coral*: epilepsia.

porque no fuese manifiesto. [196] Oyó una voz que la decía que viniese a mí, que yo la libraría de manera que ella no perdiese su crédito ni su Alma. Descubrióseme con harta vergüenza, confusión y lágrimas. Estaba en poder de una tía suya, y al punto me ofreció Nuestro Señor y su Santísima Madre medio para sacarla de su aflicción, y mucho ánimo para poner la vida, si fuese menester, hasta que se viese libre de su embarazo. Fuíme a sus parientes, y díjeles que una gran Señora tenía necesidad de que yo la diese una criada de mi mano, y que había puesto los ojos en aquella su parienta. Ofrecíme a remediarla en el estado que ella quisiese; y así lo procuré con todas mis fuerzas: y como se lo prometí, me lo cumplió Nuestro Señor por la humildad de esta persona, que tenía mucha. Sea su Majestad bendito por todo.

En otra ocasión vino una mujer a mí muy afligida, que padecía mucho con su marido, y con las continuas tribulaciones le vino a faltar la leche para criar un niño, hijo suyo; y su marido no quería darle a criar. [197] Derramaba muchas lágrimas, y estaba grandemente desconsolada. Compadecíme de sus trabajos, y se los presenté a Nuestro Señor, para que los remediase; y en su nombre le eché la bendición en los pechos. El Señor, como Padre de misericordia, la consoló en su necesidad, dándola bastante leche para criar a su hijo: y de allí adelante vivió en paz con su marido.

Otra mujer tenía un solo hijo, de edad de casi un año. Amábale mucho. Echóle un día a dormir, y fuése a hacer labor. [198] Cuando

---

196 He aquí otro caso de una muchacha seducida que, para evitar que se descubra su desliz sexual, tiene intención de suicidarse. El hecho de que su acción no se pudiera mantener oculta implica que quedó embarazada. Esto parece confirmarse cuando Inés se compromete a ayudarla «hasta que se viese libre de su embarazo». Aunque en la época, en el *Diccionario de Autoridades* se registra la forma adjetival «embarazada» para referirse a la mujer que espera un hijo, el sustantivo «embarazo» aparece únicamente con el significado de 'obstáculo' o 'impedimento' y no con la acepción que tiene hoy en día como 'estado de gestación'. No obstante, el «embarazo» en este caso tiene un posible doble sentido, como referencia al obstáculo o problema de la joven y también a un estado de gestación del cual se liberará al dar a luz al bebé. Al convencer a la familia de la muchacha que le ha conseguido trabajo con una señora adinerada, Inés logra liberarla de su problema alejándola del lugar donde todos la conocen para que pueda tener a su hijo. En este contexto, el verse libre del embarazo no debe interpretarse como referencia a un aborto.

197 *Su marido no quería darle a criar*: Dar a criar a un bebé es entregarlo a una nodriza que lo pueda amamantar. Era una costumbre común en la época entre mujeres de familias adineradas y una necesidad para las mujeres de cualquier clase social que, al igual que esta mujer, no producían suficiente leche para alimentar al bebé. Aunque la madre del bebé ya no produce leche materna, su esposo se opone a buscar una nodriza para amamantarlo.

198 *Hacer labor*: coser, bordar o hacer otro tipo de trabajos relacionados con la aguja.

volvió por su niño, hallóle muerto; y dando gritos, que parecía perder el juicio, tomó su niño, y muerto le llevó donde yo estaba, y me le puso en los brazos. Presentéle a Nuestro Señor con todo el afecto de mi corazón, para que se compadeciese desta afligida mujer, suplicándole diese vida al niño, pues no le costaba nada a su Majestad. Teniéndole en mis brazos, con todas las señales de difunto, dentro de poco rato abrió el niño los ojos, y se comenzó a mover. Llevéle a su Madre y la dije: Que llora. Véle ahí a su hijo vivo. Estaba esta mujer con una Señora, a quien yo servía entonces, y a ella atribuí esta misericordia de Nuestro Señor porque era gran Sierva de su Majestad.

Sucedióme otro caso, y fue que estando un hombre preso por un testimonio, [199] le condenaron a muerte, que por el delito que le acumulaban lo merecía. No tenía nadie de su parte que le defendiese; y todo el Lugar era contra él, y once hombres de Armas, que le fueron a prender, no eran los que menos ruido hacían. Acordándome del día del juicio, en que dirá Nuestro Señor: Vísteme preso, y no me visitaste, [200] fundada en esta verdad, fuime a la cárcel, y hablé al preso, y vile tan confundido, que mostraba bien que era hombre de verdad.[201] Tenía el Rosario en la mano; y a lo que me pareció, tenía a Nuestra Señora por Abogada en la presencia de su Amantísimo Hijo. Pedíle me dijese la verdad; porque en todo cuanto pudiese, le ayudaría, aunque me costase andar de Juez en Juez, hasta concluir su negocio. A este punto, quiso Nuestro Señor que llegase un Juez, a quien fui a hablar, y díjele que a todo lo que podía saber, aquel hombre estaba preso sin culpa; y él me informó de lo que había de hacer para que al punto me le diesen [202] y que si no lo quisiesen hacer, les amenazase con que si probaba que era testimonio el que habían levantado a aquel hombre, había de pasar por la pena del delito de que le acusaban. Diéronmele luego, porque se probó estar sin culpa. Llevéle a la Compañía de Jesús, y confesóse generalmente.[203] Cobráronle tanta afición los

199 *Preso por un testimonio*. Entiéndase que el hombre estaba preso porque alguien hizo una declaración (falsa) en su contra.

200 *Vísteme preso, y no me visitaste*. Referencia a las palabras del Evangelio de San Mateo 25, en las que Cristo advierte que hacer obras de caridad o misericordia a los más necesitados—incluyendo a los que están en prisión—es hacérselas a Él. Específicamente, la referencia es a Mateo 25:43, versículo en el que Jesús reprende a quienes no hicieron tales obras a los más necesitados y anuncia su castigo.

201 *Que era hombre de verdad:* que no estaba mintiendo, que decía la verdad sobre su inocencia.

202 *Me le diesen*: Entiéndase aquí que soltaran al preso y se lo entregaran a Inés.

203 *Confesóse generalmente*: Hizo una confesión general a un sacerdote. La confesión general es un recuento de todos los pecados de la vida de la persona hasta el momento de confesarse.

Padres, que le recibieron por Hermano. Sea Nuestro Señor por todo bendito, que así ampara a los pobres.

Estando un día en Oración, muy deseosa de hacer de mí una grande entrega a Dios Nuestro Señor, olvidada de mí y de todo lo criado, quise arrojar mis Potencias en aquel Abismo de amor, que me manda que le ame sobre todas las cosas. No me fue posible, porque el entendimiento y la memoria me las ocuparon con una pobre viuda no la pudiendo echar de mí. Viendo que no sosegaba por muy gran rato, dándome Nuestro Señor con vehemencia muchos impulsos, tomé un pan de los que tenía, y con toda priesa me fui a su casa. Tenía la mujer dos o tres hijas, y ella estaba tullida;[204] y todas estaban acostadas sobre unos maderos y manojos y cubiertas con unos trapos de alfombra. Díla el pan que llevaba, y estaba tan necesitada, que ella y sus hijas no habían tenido bocado que cenar. Miré el aposento en que estaban, y vi se estaba cayendo una pared de piedra. Roguélas que se levantasen, porque estaba tan transformada, que de milagro parecía se tenía. A toda priesa salieron de la casa, y al punto cayó la pared, que a estar dentro, las matara. Y entonces conocí que me quería Nuestro Señor para remediar aquella necesidad, y les alquilé una casita en que viviesen. Sea el Señor bendito por todo, que tal providencia tiene de sus criaturas, amándolas como Padre. Y con éste su infinito amor, siendo yo tan pobre, me daba con qué las socorrer; y me hizo merced de que entrase Monjas trece Doncellas pobres en diferentes conventos.

## XVI. Toma el hábito,[205] y recibe nuevos favores

Fue Nuestro Señor servido de cumplirme los deseos de ser Religiosa; y llegado el día señalado, recibí el Hábito a los fines de Octubre del año de mil y seiscientos y once, de edad de cuarenta y siete años: y aunque al principio de mi Noviciado tuve algunas tentaciones, lo restante del tiempo he gozado de grande consuelo, paz, y tranquilidad

---

204 *Tullida*: con un impedimento para mover alguna parte del cuerpo a causa de una enfermedad o un accidente.

205 *Tomar el hábito*: entrar al convento como novicia, el primer paso en el proceso de convertirse en monja.

con muy particular estima de verme entre estos Serafines, que este nombre doy a las Religiosas de este Convento.

Una noche del Nacimiento de Cristo Señor Nuestro, habiéndome preparado, según mi corto caudal, todo el Adviento [206] con particulares ejercicios, para dar a mi Señor un corazón puro, desocupado de todos los afectos de la tierra, tomé por Intercesores tres Santos y tres Santas: es a saber, San Juan Evangelista, San José, y el Esclarecido San Andrés, Santa Inés, Santa Catalina Mártir, y Santa Gertrudis, que tanto sirvieron y amaron en esta vida a Nuestro Señor. Pedíales me alcanzasen de su Majestad las Virtudes con que ellos más le agradaron; y en particular, pureza de corazón. No fueron nada cortos, ni descuidados en socorrer mi necesidad y pobreza.

La víspera del Santísimo Nacimiento, me recogí para orar con atención y reverencia, y dar acogida a la Santísima Virgen. Díjela: ¿Dónde vais, Señora mía? Aquí habéis de hacer asiento; porque en todo el Mundo no hallaréis lugar más a propósito, ni en que más campee [207] la grandeza de vuestra piedad. Ya sé por cosa cierta que el Verbo Encarnado en vuestras Entrañas no viene a buscar riquezas, ni honra, ni Sabiduría, ni hermosura, mas viene a nacer entre bestias: y pues lo están tanto mis potencias, quedaos aquí mi Señora, con vuestro Dulcísimo Hijo, y mi Señor; y con gran fervor, que su Majestad me comunicaba, llamé a los Santos ya referidos. Quedéme arrobada, y vi al Verbo Eterno humanado en un Portal muy desabrigado; y a Nuestra Señora puesta de rodillas adorándole. Pasaba mucha gente, y ninguno le adoraba, ni volvía la cabeza, siquiera a mirarle. Fue tal mi dolor que traspasó mi corazón, y comencé a dar gritos, como si me dieran de puñaladas.

Vi a Santa Gertrudis adorando una Cruz grande, y en una naveta[208] de oro que tenía en las manos, recogía una gran copia de sangre, que por ella bajaba, hasta que se llenó, y muy alegre me la dio, y me dijo: Lávate con ésta tus manos, y cara. Yo dudaba de hacerlo, por hallarme tan indigna de tal favor: y ella me reprendió amorosamente con estas palabras: No dudes de hacer lo que te digo, lávate, y así lo hice, y me bañé todo el rostro. Lo que aquí sentí y gocé, no lo sabe decir la lengua, ni lo alcanza el entendimiento: digo lo que puedo.

---

206 *Adviento*: la época del calendario religioso católico que consta de las cuatro semanas anteriores a la Navidad. Es época de preparación para celebrar el nacimiento de Cristo.

207 *Campear*: sobresalir; exhibirse para que todos puedan ver (en este contexto).

208 *Naveta*: recipiente en forma de barquito para echar el incienso en la iglesia; en este contexto, parece referirse más a algún tipo de cáliz, ya que está lleno de sangre líquida.

Desapareció esta Esclarecida Santa y vino a mí mi Señora Santa Inés con un cofrecico, como de una tercia de largo [209], muy tachonado de oro, con la cerradura de lo mismo. Púsomele en las manos, todo lleno de Joyas, engastonadas [210] unas con otras. Eran todas de diamantes mayores que reales de a ocho. [211] Estaban guarnecidas de oro muy puro; y los esmaltes eran a modo de canastillos retorcidos [212], que los hacía parecer más vistosos. Yo, admirada de tan gran favor, dije a esta Santa que no me daba llave para guardar en el cofrecico tan preciosas joyas. Díjome con grande agrado: Querida mía, ésas son las Virtudes que has de repartir con las criaturas de mi Señor; y de lo que más te has de preciar ha de ser pureza de vida, y gran mansedumbre, y que seas muy afable con todos los que tratares, que para eso te las traigo; y sonriéndose, desapareció.

Una noche de los Reyes [213], estando en Oración a las tres, encomendándome a Dios, habiendo su Majestad llevado para sí el día de las vírgenes [214] a la Madre Catalina de la Anunciación, que fue la primera Religiosa que murió en este Convento; en todo este tiempo, cuando la quería encomendar a Dios, me llenaba de gozo de tal suerte que no podía hablar palabra, ni rezar una Ave María. Esta noche de los Reyes, que digo, la pedí perdón, de que no la había sido fiel amiga y hermana: y estaba corrida [215] de que esta Sierva de Nuestro Señor no hubiese visto en su Divina presencia ningunas Oraciones mías porque la debía mucho.

Aparecióseme vestida de Monja, y díjome: No tengas pena, amiga mía muy amada; porque ya estoy en el Cielo, y aunque tú pensaste que me había ido a él derecha, no fue así; porque veinte y cuatro horas estuve en Purgatorio: y estimo tanto haber estado en él, como si me

209 *Una tercia de largo*. Es una medida de longitud equivalente aproximadamente a un pie en el sistema inglés de medidas. La «tercia» es equivalente a una tercera parte de una «vara». La «vara», a su vez tiene la largura de «tres pies», como una yarda en el sistema inglés de medidas (unos 90 centímetros).

210 *Engastonadas*: engastadas, incrustadas.

211 *Real de a ocho*: moneda de plata con el peso y el valor de ocho reales de plata. Aquí Inés se refiere a estas monedas como comparación para mostrar el gran tamaño de los diamantes que ve en la visión mística.

212 *Esmaltes y canastillos*: Los esmaltes son adornos de metal de distintos colores y un canastillo es un tipo de cesta pequeña hecha de mimbres retorcidos en forma de reja. Se refiere aquí Inés al diseño decorativo de las joyas.

213 *Noche de los Reyes:* La festividad de los Reyes Magos o la Epifanía se celebra el 6 de enero. También se denomina noche de Reyes, a la noche anterior, el 5 de enero.

214 *El día de las vírgenes*: el 21 de octubre, festividad también de Santa Úrsula. Las vírgenes son las Once Mil Vírgenes, quienes, según la tradición, eran compañeras de aquella santa y fueron masacradas junto con ella por los hunos en la ciudad de Colonia.

215 *Corrida*: avergonzada.

hubiera ido al Cielo, como tú pensaste. Y con esto desapareció la Sierva de Nuestro Señor, dejándome llena de gozo, y derramando sobre mí una gran fragancia. [216]

Fueron muchas sus virtudes. Particularmente ejercitó tres. Era muy dada a la Oración, en que recibía muy grandes favores de Nuestro Señor. Tuvo gran caridad con los pobres, y necesitados; y a mí me tuvo en su compañía, sustentándome muchos años, hasta que dio, con su persona, su hacienda a este Convento; y no paró, hasta que le dio principio: y con su ejemplo, movió a una hermana suya, para que hiciese lo mismo. Y también esta Señora era muy virtuosa, y tenía por su vida el Convento trescientos ducados de renta. Dióla, recién profesa, una muy peligrosa enfermedad y viendo su hermana que Nuestro Señor se la quería llevar, y que el Convento perdía esta renta, que en su principio hacía mucha falta, que no tenía de Fundación más que diez y seis meses, [217] [e]sta grande amadora de Nuestro Señor, y de su Religión, pidió a su Majestad la llevase a ella, y dejase a su hermana; y así se lo concedió: y fue grande su alegría; porque eran grandes las ansias que tenía de verse con su Dios: y en la enfermedad le decía muchas ternuras, en razón de esto. Llevósela su Majestad, y muy presto, sin saberlo su hermana; porque la duró muchos días la enfermedad: y en ella decía: ¿Quién es ésta que se me pone aquí, y me ayuda a llevar el mal? Y con tener muchos achaques, la guardó Nuestro Señor más de diez y ocho años, siendo amada de todas, por sus muchas virtudes: resplandeciendo en ella la Caridad, Humildad, y Obediencia hasta la muerte; pues estando en los últimos trances de su vida, no pudiendo ya hablar, en preguntándola algo la Prelada, la respondía al punto. Y viendo las Religiosas que no la podían hacer las hablase [218], decían a la Prelada lo hiciese, y luego la respondía, quedando todas maravilladas de la prontitud.

Un día antes que muriese, dijo a la Priora, delante de algunas Religiosas, cómo se le habían aparecido Nuestra Señora y San Juan Evangelista, de quienes era muy devota.

---

216 *Derramando sobre mí una gran fragancia.* El aroma agradable que despide la difunta Madre Catalina de la Anunciación al aparecérsele a Inés en una visión mística es señal de su santidad o espiritualidad ejemplar. El fenómeno—que en la época se llamaba «olor de santidad»—forma parte de la creencia de que el cuerpo de un santo o santa—como premio a su conducta espiritual ejemplar en la tierra—no estaba sujeto a los procesos normales de la naturaleza tales como la descomposición de los cadáveres.

217 Obsérvese la preocupación de Inés por los asuntos financieros del convento.

218 *Hacer las hablase.* No podía hacer que les hablara a ellas. Aquí «las» es un pronombre de complemento indirecto.

Un día, estando en la Oración, vi al Señor entrar en el Coro muy apriesa, con una vela encendida. Púsose en la silla de la Priora, rodeado de Ángeles, que en un instante dieron velas encendidas a todas las Religiosas. Estaba su Majestad en pie, y en Oración, y Ángeles y Religiosas también lo estaban, con mucha atención: todos por orden en sus Coros: y yo también estaba en Oración; si bien muy corrida, por verme sin vela. Díjele a Nuestro Señor: ¡Cómo, Señor mío! ¿y a mí no me mandas dar vela? Respondióme con grande agrado: Hija mía, no te la doy porque eres la lámpara [219]*que has de estar siempre encendida.

## XVII. Pide al Señor la Vida de una Religiosa por siete años. Muere al fin de ellos; y muéstranla otra en el Cielo, que murió en el Convento.

Tuvo este Sagrado Convento de Recoletas de Nuestro Padre San Agustín de Valladolid, otra Insigne Religiosa, llamada Francisca de San José, que fue dotada de raras Virtudes y gracias. Era profunda en la humildad; en la Caridad, encendidísima. Juzgo que en su vida no hizo pecado venial de advertencia. [220] Era de grande y muy capaz entendimiento. Oía decir a una persona muy grave, que había estado en Roma, Madrid, y otras partes, y en todas había sido estimado por su mucha Sabiduría, y virtud, que dudaba hubiese en toda España cuatro Varones que la igualasen. Siete hermanos que tuvo esta Sierva de Dios, aventajados sujetos, y que ocuparon puestos grandes, en su presencia se reputaban por niños, y siempre la pedían consejo para todos sus negocios, por ser tan acertado, y de tanta estima: y ella la tenía tan baja de sí, que la parecía le hacía ventaja cualquiera.

Estimó tanto el estado Religioso, que hospedó en su casa a las Madres, que vinieron a fundar este Convento, por espacio de tres semanas, que fue lo que se tardó en disponer las cosas de la Fundación. Tratólas con grande caridad, y agrado. Su casa, como un Convento

---

219 * *Nota de Alonso de Villerino en el texto original*: «Decir el Señor que Inés es lámpara que siempre estará encendida es porque por la lámpara se entiende la caridad de la Doctrina Celestial. Santo Tomás de Villanueva, Sermón de Santa Dorotea, sobre el capítulo 25 de S. Mateo. Y como a Inés manifestó Dios esto, y no a las demás, con proporción a la visión, la dijo, que era lámpara, porque vio a los ángeles y a Cristo Bien nuestro, que es la Doctrina Celestial.»

220 *Pecado venial de advertencia*: pecado leve o menos importante cometido deliberadamente.

[t]enía dos Oratorios, donde las Religiosas oían Misa, y Pláticas, acudiendo las personas más Espirituales, y Doctos de las Religiones: y entre éstos, el Venerable Padre Fray Simón de Rojas, y Venerable Padre Luis de la Puente, bien conocidos por su gran Santidad. La de esta bendita Señora fue tanta, que lo dejó todo, y desamparando el siglo, [221] siguió esta bendita Compañía de Religiosas, tomando el hábito dentro de pocos meses en este Convento; a quien dio toda su hacienda. [222] Dotó [223] dos criadas de gran virtud, para Religiosas del mismo Convento: y esta Señora, que en el siglo se llamó Doña Francisca de Sotomayor, en la Religión fue el Apellido San José.

De los primeros oficios que la Santa Obediencia le encomendó fueron los de Supriora y Maestra de Novicias.[224] Éstos hizo seis años continuados. Siendo Supriora, la dio una enfermedad muy grande, de que estuvo desahuciada. Viendo la prisa con que Nuestro Señor la quería llevar, acudí al refugio de la Oración; y fui con mucha confianza a su Majestad. ¿Cómo, Señor mío, le dije, hacéis esto, pues sabéis cómo queda esta Casa vuestra? Harto tiempo os queda para gozarla; mirad, que es el consuelo, y amparo de todas: para caminar a la perfección, hemos menester tal dechado.[225]

Estando en esto con gran fervor y entereza en la Oración, vi a Nuestro Señor, y a Nuestro Padre San Agustín, que se hablaban en secreto. Como vi a Nuestro Santo Padre, echéle por intercesor, para que me alcanzase de Nuestro Señor lo que le suplicaba. El Santo se lo pidió, y su Majestad le dio a entender que no había de ser. Y Nuestro Padre me volvió a mirar con un rostro compasivo y antes que me hablase palabra, le llamó Nuestro Señor, y le dijo estas palabras, que las oí yo: Volved acá Augustino; ¿qué pide esa Mujer? Respondió el Santo: Señor, dice que des vida, siquiera por siete años a esta Religiosa por quien pide. Pues hágase así, respondió el Señor, y estuvo mejor. Al punto durmió tres horas, y en breve estuvo buena. Dentro

221 *El siglo*: el mundo; la vida secular, en contraste con el interior del convento.

222 *La hacienda*: los bienes materiales.

223 *Dotar*: dar la dote o cantidad de dinero u otros bienes para que una mujer pueda ingresar al convento para hacerse monja.

224 *Supriora y Maestra de Novicias*. Son dos cargos de autoridad que podían ocupar ciertas monjas dentro de la comunidad de un convento. La Supriora (sub-priora) era la monja que a veces desempeñaba las responsabilidades de la priora o Madre Superiora. La Maestra de Novicias era la encargada de instruir a las aspirantes a monjas durante su proceso de noviciado o preparación para comprometerse de manera permanente a la vida de monja.

225 *Dechado* : ejemplo para imitar.

de pocos días, que se cumplieron los siete años, murió: y en esta última enfermedad, le volví a pedir al Señor la diese vida.

Aparecióseme su Majestad muy resplandeciente, y gozoso, y mostrándome a esta Santa Religiosa en sus brazos, me dijo ¿Vésmela? Aquí te la tengo; ¿quiéresmela quitar? Estaba resplandeciente como los rayos del Sol; y respondí: No por cierto Señor, sino que la goce tu Majestad por toda tu Eternidad. Y así la llevó dentro de tres días que esto me pasó.

Fueron ocho los que duró su enfermedad, estando en ella como un Ángel. Quedó su cuerpo con estremada blancura, y tan tratable, que a todas nos hacía admiración. [226] Sintióse mucho su pérdida, así de la Religión, [227] como de todas las personas que fuera della la conocían.

Succedióme otra cosa con una gran Religiosa, llamada María de las Llagas. Era de ellas muy devota. [228] Tenía gran sed de Dios Nuestro Señor, que noches y días pasaba en continua Oración. Era de gran caridad, y profundamente humilde. Sentía tan bajamente de sí, que le parecía no había en el Mundo criatura tan mala como ella. Vivió en la Religión, con grande estima del estado y del consuelo de vivir en ella. Eran sus ojos fuentes de lágrimas. En esto gastaba noches y días. Hacíame mucha caridad. Dábame parte de sus deseos, con particular licencia, que para ello tenía; porque sin licencia, no se permite tratar una con otra.

Díjome una vez con grandes ansias que la encomendase a Nuestro Señor, y la ayudase a darle gracias, porque la había dado una Celda, que para ella era como un Cielo, donde tenía su consuelo, por verla tan pobre de cosas de la tierra: y estaba sola con su Dios. Estaba tan agradecida de su Majestad que me decía quería salir a los campos a

---

226 Aquí Inés presenta una descripción estereotípica del cadáver de una monja de conducta espiritual ejemplar y posible santidad. El cuerpo extremadamente blanco y la flexibilidad del cadáver («tan tratable») eran sólo algunas de las características típicas en este tipo de descripciones, comunes en las biografías de monjas y en las vidas de santos (las hagiografías). Otros elementos recurrentes en la descripción del cadáver de las religiosas ejemplares son una sonrisa o expresión de gran tranquilidad en el rostro, una belleza extrema y la ya mencionada fragancia agradable u «olor de santidad».

227 *La Religión*: la orden religiosa, el conjunto de monjas.

228 *Era de ellas muy devota*. O sea, esta monja, que incluso adoptó el nombre religioso María de las Llagas, practicaba la devoción a las llagas o heridas de la crucifixión de Cristo. La devoción a las llagas o heridas de Cristo era un fenómeno religioso muy extendido ya desde la Edad Media. Tradicionalmente, las llagas eran cinco: las heridas de los clavos en las dos manos, las heridas de los clavos en los dos pies, y la herida de la lanza en el costado. Se consideraba que estas aberturas en el cuerpo del Cristo sufriente eran fuentes de salvación. El meditar sobre las llagas de Cristo está conectado al fenómeno de la meditación sobre los episodios de la Pasión de Cristo.

dar voces a las hierbas, convertirlas en lenguas, para que la ayudasen a dar gracias a la Divina Majestad, por el beneficio que había recibido de su liberal misericordia, en haberla traído a su Casa.

Era devotísima de Nuestra Señora. Dejó dotadas en esta casa Vísperas y Misa cantada de todas sus Fiestas, y dos Capellanías; porque fue esta Santa Religiosa, como tengo dicho, la que dio su hacienda para que se fundase este convento.

Dióla el mal de la muerte día de Nuestra Señora de la Natividad,[229] a tiempo que estaba el Convento en la Misa mayor. Fue su muerte, como su vida, muy ejemplar. Y digo, para gloria de Nuestro Señor, que me la mostró en el Cielo, como una Reina, con gran Majestad, y con otras particularidades, que daban bien a entender cuán grande gloria gozaba por los servicios que al Señor hizo en la tierra.

Estando en estado de Matrimonio, hizo voto de si alcanzaba de vida a su marido, tomar Hábito de Religiosa dentro de veinte y cuatro horas. [230] Rezaba cada día el Oficio Divino. Tenía en su casa gente muy virtuosa. Levantábase dos horas antes de amanecer a tener Oración. Ella despertaba a sus criados y criadas. Ella gobernaba a todos con gran prudencia. Oía cada día Misa con mucha reverencia. Hospedaba a todos los Religiosos de las siete Casas de la Recolección del Glorioso San Francisco, teniendo diputados [231] aposentos y ropa de servicio para cada uno de por sí, consolándose mucho de sentarlos a su mesa. Esto duró hasta que entró en el Convento. Y a uno de los de estos Padres sustentó de carnero para los enfermos algunos años;[232] y los más montaba novecientos reales; y les dejó esta limosna perpetua en el Cabildo de Palencia: y a esta Casa de la Encarnación hizo muchos bienes.

Duró doce años en los deseos de ser Religiosa, después que hizo el voto, aunque con mucha resignación. Mas Nuestro Señor, como padre amantísimo, se los cumplió; y ella correspondió tan fielmente, que al punto que expiró su marido, lo dejó todo y se vino a este Convento, trayendo consigo una criada para Religiosa, tomando luego

---

229 *Día de Nuestra Señora de la Natividad*. El Día de Nuestra Señora de la Natividad, también día del nacimiento o Natividad de la Virgen María, se celebraba en la época el 8 de septiembre.

230 *Si alcanzaba de vida a su marido*: si vivía más tiempo que su marido, o sea, si se quedaba viuda.

231 *Diputados*: dispuestos, preparados.

232 *Sustentó de carnero para los enfermos...* Como donativo de caridad, esta señora adinerada proveía al fraile franciscano con carne de carnero para alimentar a los frailes enfermos del monasterio.

ambas el Hábito. Y el día siguiente que enterraron a su marido, en esta Casa cantó una Lección en el Oficio, con mucho valor, el cual mostró siempre en todas sus acciones. He dicho esto para gloria de la Santísima Trinidad, y para consuelo de esta Sagrada Religión, especialmente de este Convento de la Encarnación. Y porque se vea cuán grandes Religiosas le ha dado Nuestro Señor, de donde han salido para otras Fundaciones aventajados sujetos y siempre las ha dado su Majestad a esta Santa Casa, como me lo dio a desear, y su palabra de que con mi brazo flaco, extendería el suyo fuerte, haciéndonos muy singulares mercedes y favores, a las de esta Casa: Sea todo a su mayor honra, y gloria.

## XVIII. Muéstrala el Señor las Religiosas de su Convento en visión de Estrellas. Sentimientos que tuvo en unos Ejercicios.[233]

Estando un día en Oración, me mostró Nuestro Señor grande multitud de Estrellas muy resplandecientes, aunque con mucha diferencia en el resplandor unas de otras, porque unas echaban rayos de luz como centellas con un continuo movimiento y las otras estaban sosegadas con su resplandor. Vi cinco entre ellas, no juntas, sino es esparcidas, de notable grandeza y hermosura. Noté que era grande la pureza con que despedían su resplandor, dando mucha luz a la tierra.

Díjome mi Señor: Éstas son las Almas de la Encarnación; y estas cinco han de ser esparcidas por diferentes partes de la tierra; y me han de servir mucho, y me han de traer muchas Almas con su ejemplo.

Así lo ha comenzado el Señor a obrar por su bondad. Sea engrandecido su Santísimo Nombre de todas sus criaturas, que tanto se ha humanado, y derrama sus Dones sobre quien los quiere recibir.

Hame dado este Señor grande afecto con algunas personas Religiosas, deseando que sean Santas, y suplicando a su Majestad se lo conceda; y hámelas mostrado muy cerca de sí.

A un Padre de la Compañía de Jesús, por quien pedía a Nuestro

233 *Unos ejercicios*: ejercicios espirituales o prácticas de devoción y meditación.

Señor, me le mostró su Majestad a su mano derecha en pie muchas veces. Vile con gran velocidad, como si fuera un viento, que mostraba hacer grande empleo en servicio de Nuestro Señor, como lo hizo San Francisco Javier.

A otro Padre de la misma Religión, me le ha mostrado Nuestro Señor muchas veces, comunicándole sus secretos, hablándole a la oreja derecha. Es persona a quien amo, y estimo, por quererle el Señor tanto.

A una Religiosa de esta Casa, me la mostraba el Señor muchas veces en su presencia, con una vestidura morada muy pura y con una Corona de oro en la cabeza. Díjome el Señor que me la mostraba así por el deseo que tenía de la observancia de la Religión.

Mostróme Nuestro Señor otra Religiosa deste Convento, que el Espíritu Santo la tenía en su Pecho, con mucho gusto de tenerla consigo.[234]* Los sentimientos, y afectos que Nuestro Señor me dio en unos Ejercicios que su Majestad me hizo merced que tuviese en el Mes de Diciembre de mil y seiscientos y treinta y uno, son los siguientes.

Estando en Oración a más de las tres de la noche, me dio el Señor un gran recogimiento, con gran fervor de espíritu; y en él fui arrebatada a una alta comunicación de la Santísima Trinidad, y me transformó en sí mismo, por un modo inefable.[235]** Infundióseme tan grande amor en esta transformación, que gocé de aquel amor inmenso, que el Señor Dios Nuestro comunica a los que mucho ama. Dióme a entender el infinito amor con que ama a sus criaturas: y conmpadeciéndose de todas, me mandó le pidiese liberalmente; y que en esto no fuese corta. Duróme este arrobamiento [236] dos horas, y durara más, sino que supliqué a Nuestro Señor no quisiese me hallasen arrobada. Concedióme su Majestad esta merced, para que quedase secreta esta misericordia; aunque todo el día quedé tan enajenada, que no podía pensar en otra cosa, y ahora me sucede lo mismo, habiendo pasado cinco días.

En otro de éstos, acabando de recibir el Santísimo Sacramento, me hallé tan recogida y tan metida en este amor, y tan lastimada de ver

---

234 * Nota de Alonso de Villerino en el texto original: «Sábese que fue la Venerable Madre María Bautista de San Agustín, Fundadora del Insigne y Religioso Convento de Salamanca, porque la Madre Inés lo dijo a una Religiosa de quien yo lo entendí.»

235 **Nota de Alonso de Villerino en el texto original: «Decir que Dios la transformó en sí no puede ser de reparo para los Doctos, que saben es la transformación efecto del amor.»

236 *Arrobamiento*: estado de éxtasis místico.

al Mundo tan ciego, y tan arrastrado de sus vanidades. Y yo, con todo desprecio de ellas, que todo el Mundo entero, con sus riquezas, y honras, me pareció como un nido de tordo [237] y con amargura de mi corazón, me compadecí de estos miserables ciegos, y dije a Nuestro Dios y Señor: Bien mío, y Esperanza mía, poned en esto remedio; porque ellos no le pondrán, si Vos no le ponéis: por ser Vos quien sois, haced que os conozcan, para que os amen. Quedé con grande confianza de recibir esta misericordia.

Hoy día de San Dámaso, [238] en el mismo Mes de Diciembre del dicho año, después de haber recibido el Divino Sacramento, me recogí a lo profundo e interior de mi Señor, que en mí tenía, y le dije: Señor, ya es tiempo de que obréis en mí el fin para que me criasteis, que es para amaros y serviros con suma reverencia; y pues abristeis los ojos del ciego con un poco de lodo, [239] que es lo que yo soy, abrid los míos, para que os vea y contemple desde este punto por toda vuestra eternidad. Y pues vuestro querer es vuestro poder, quered Vos, Señor, tomarme por instrumento, para que os conozcan todos,[240]* como yo os conozco, y os amen, como yo os amo: que estoy cierta no desearán cosa

---

237 *Un nido de tordo*. El término «tordo» se aplica todavía a varios tipos de pájaros, no sólo al tordo (en inglés *thrush* o *song thrush*), un pájaro bastante común en las zonas rurales, sino también al estornino (en inglés *starling*). En este contexto Inés parece estar comparando el mundo con el nido de un pájaro tan común para subrayar la insignificancia de las grandezas y la vanidad del mundo frente a la grandeza de Dios. Sin embargo, conviene recordar también que el termino «tordo», sobre todo cuando se refiere al estornino, se refiere a un pájaro oportunista que acostumbra poner sus huevos en los nidos de pájaros de otras especies para que los otros críen a sus bebés. Se ha asociado al tordo simbólicamente con el oportunismo, la pereza y las preocupaciones vanas. Por lo tanto, la expresión «nido de tordo» en este contexto podría tener para los lectores de la época una connotación negativa y ser una referencia a la falsedad o al engaño en el que vive el mundo en contraste con la grandeza de Dios.

238 El día de San Dámaso es el 11 de diciembre.

239 Referencia a un episodio bíblico en el que Jesús cura a un ciego de nacimiento en sábado poniéndole sobre los ojos lodo hecho con su saliva y ordenándole que vaya a lavarse en la piscina de Siloé. El episodio se narra en el capítulo 9 del Evangelio de Juan.

240 * Nota de Alonso de Villerino en el texto original: «En lo que pide a Dios que la tome por instrumento para que todos le conozcan y amen como ella, se debe hacer reparo, por dar a entender que conoce de sí no sólo que ama a Dios, sino que su amor era tanto que pudo ser regla y ejemplo de amor de los demás: pues contra lo primero, está lo que enseñan los Teólogos en el 2 de los Sentenciarios [...] afirmando, que ninguno puede estar cierto de que está en gracia y amor de Dios, y así San Pedro, preguntado por Cristo si le amaba respondió *Tu scis Domine*. [Tú sabes, Señor] Contra lo segundo, está cuando conociera de cierto que amaba, pareciera presunción juzgar que su amor era tan subido que bastaba para ejemplar de los demás.

No obstante esto, tiene salida segura lo que dice la Madre Inés, porque San Pablo al cap. 8 [a los] Roman[os] pondera su amor de suerte que desafía todo género de persecución, hasta la muerte, blasonando de que nada le apartará del amor de Cristo. Nuestro Padre San Agustín manifestó su amor, publicando que si fuera Dios bajara a ser Augustino, porque Dios subiera a serlo. Y nuestro Padre Santo Tomás de Villanueva, en el Sermón de la Transfiguración dice que contemplando en las glorias del Tabor, se las mostró Dios. [...]»

alguna más que a Vos.[241]** Y también lo estoy de que si yo llorara tantas lágrimas como tiene gotas de agua el mar, aunque fueran de sangre, no fueran dignas de recompensar la menor culpa de las que he cometido contra Vuestra Majestad Soberana; y que es de mayor valor sola una lágrima de las que Vos derramasteis delante del Eterno Padre, que le confiesa todos los pecados, que todos los hombres han cometido, y cometerán hasta la fin del Mundo. Y pues en vuestra Pasión os dieron una caña, y con ella os hirieron los Sayones,[242] tomadme a mí en defensa de esta injuria por instrumento, para que todos os alaben, y que todas las criaturas os alaben y bendigan: y a trueque de que ninguno se condene, os ofrezco mi cuerpo, y Alma, para padecer por ellos y por Vos todos los tormentos y penas, que han padecido todas las criaturas. Perdonádmelos, Señor, por vuestra infinita misericordia, a vuestra mayor honra y gloria.

## XIX. Declara cinco modos de Oración, que el Señor la infundió[243]

Diré cinco modos de Oración, que Nuestro Señor, por su misericordia y gran bondad me infundió, habrá veinte y seis o veinte y ocho años. El primero es su Divina Presencia. El segundo, su Divina Esencia. El tercero, su divina Ciencia. El cuarto, del Piélago profundo de su Divino Amor. El quinto, es el Abismo de su inmenso saber. De-

241 ** Nota de Alonso de Villerino en el texto original: «Decir que todas las lágrimas, aunque fueran de sangre, no bastaran para recompensa de la menor culpa, no se entiende de cualquier pecado venial, sino del que pasó de mortal por la Confesión a venial, por no haber para este pecado, de parte de la criatura, condigna satisfacción, según enseñan los Teólogos, con el Maestro de las Sentencias [...] y con Santo Tomás [...] Y cuando se quiera entender de cualquier pecado se debe atribuir a un exceso de humildad, y no se entienda en rigor Escolástico.» El Maestro de las Sentencias es el teólogo italiano Pedro Lombardo (c.1100-1160).

242 *Os dieron una caña, y con ella os hirieron los Sayones*. Los sayones son matones o verdugos, los encargados de ejecutar a los prisioneros. Aquí se refiere Inés al episodio bíblico de la Pasión de Cristo en el que los soldados romanos, antes de crucificar a Jesús, se burlan de él como Rey de los Judíos, vistiéndolo con ropa color púrpura, poniéndole una corona de espinas, y dándole una caña como cetro, con la cual luego le pegan. El episodio, con el detalle de la caña, se narra en los Evangelios de Mateo 27: 27-31 y Marcos 15: 16-20.

243 *Los cinco modos de oración*: Aquí comienza el mini-tratado de mística que presenta Inés.

clararelos, según el modo que su Majestad fue servido de comunicármelos.

El primero, que es la presencia de Dios Nuestro Señor, es andar en un profundo conocimiento de Nuestro Dios, y hacer en él, por él, y para él, todas las obras interiores, y exteriores; andando juntas la vida Contemplativa y la Activa, con gran paz y conformidad, sin quejarse la una de la otra. Traía en este modo tan presente a mi Señor, como si le viera; de la manera, que a un caminante no le estorba el Sol en el Invierno, antes le sirve de regalo: y en esta suerte de Oración, se trabaja más en una hora corporalmente, y con mayor perfección, que sin ella en muchas horas.

La Oración de Esencia es al modo de una niebla muy espesa, y cerrada del día, que no deja ver sino lo que está muy cerca. Así en este modo está el Alma recogida debajo del amparo del Señor; y no puede pensar sino es en él: y recibe aquí unas influencias, y unos como Atributos tácitos, y secretos, que no hay cómo poderlos declarar.

La Oración de Ciencia es recibir el Alma la Ciencia Mística; y es la que tienen los Querubines y en su Coro. Cuando esto se me comunicó, estuve arrebatada tres cuartos de hora, y con los Serafines; y estando entre ellos, se me mostró el Misterio de la Santísima Trinidad. Aquí no llega la Oración de Unión.

En la cuarta Oración, que es Piélago profundo, se va el alma con su Dios, y se pasea por los Cielos, como una reina en su Palacio, en presencia de los Grandes de su Corte. Y parece que todos la respetan, y todos los Cortesanos la veneran, como a quien es tan amada de su Rey.

Aquí puedo decir con San Pablo, que ni ojo vio, ni corazón humano pudo pensar lo que tiene Dios aparejado para los que le aman y le temen.[244] Denos este Señor su amor y temor, para que le sirvamos con todas nuestras fuerzas, como nos corre la obligación.

La quinta Oración es Abismo.[245] Es a modo de un mar sin suelo, y Abismo de Sabiduría. Declarareme por esta comparación. Llueve un día, y unas gotas de agua caen en el arena junto al río, y otras en

---

244 Referencia bíblica a las palabras de San Pablo en la Primera Epístola a los Corintios 2:9. A su vez, las palabras son una cita de Isaías 64:4.

245 *Abismo*: conjunto de aguas que confluyen en una profundidad sin fondo. También se aplicaba metafóricamente en la época a algo incomprensiblemente profundo o grande. Según el *Diccionario de Autoridades*, «Abysmo» es «todo aquello que por su profundidad, grandeza o multitud no es fácil a la comprensión humana» (I: 30).

el río, y otras en el mar. Las gotas de agua que cayeron en la arena, allí perdieron su ser. Las que cayeron en el río, corren con él con gran velocidad. Las que caen en el mar, perdieron el ser de gotas, y cobraron el de mar, y quedaron anegadas, y transformadas en este Abismo de mar. Aquí queda el Alma transformada y hecha un Dios por gracia, como su Majestad lo es por naturaleza. Son tan excesivas las grandezas de Amor, y los secretos de la inmensa Sabiduría, y de su incomprensible bondad que este Dios infinito infunde aquí al Alma, que no sabe el Alma sino es a lo que sabe Dios: y no usa de sus sentidos por algunas horas, y aun días. Y dice esta Alma así transformada: ¿Quién nos apartará de la Caridad de Dios? Aquí no se teme Infierno, ni se ama Cielo, ni salud, ni enfermedad, ni honra, ni deshonra, ni muerte, ni vida: todo esto le parece no tiene valor de una paja. Sólo desea hacer la voluntad Divina, en tiempo, y eternidad: y si algo apetece, es padecer, y la imitación de Cristo bien nuestro, siguiéndole con su Cruz; y tan crecidas ansias son las que aquí siente el Alma de padecer, que ésta es su comida, y bebida, su sueño, y su descanso; y lo que esto no es, le sirve de tormento.

Dióme Nuestro Señor a conocer como una verdad infalible, por aquellas tres aguas que caen del Cielo, tres modos de personas que tiene su Majestad en este Mundo, a quienes dio por su Bondad eterna su Pasión y Muerte, para que conquisten el Cielo: mas que ellos, metidos en las vanidades de este Mundo, y de la tierra, y en la tierra figurada en el agua que cayó en el arena, pierden aquí su ser. En la segunda agua que cae en el río, son significadas las Almas que ofrecen sus obras unidas con las de Cristo Nuestro Señor y le sirven por ir al Cielo, y le aman en medio de sus trabajos, y le desean servir con todo su corazón: y Cristo Nuestro Señor los recibe con grande benignidad, y los tiene debajo de su amparo.

La tercera agua, que cayó en el mar, es significación de los que aman a Dios Nuestro Bien, por sólo ser quien es, sin interés ninguno, amando su bondad inmensa, y admirándose de que quiera unas criaturas viles, y tan ingratas: y sienten de sí tan bajamente, que se tienen por indignas de pisar la tierra; y del aire con que respiran, y a toda criatura dan la ventaja; porque conocen a todos por mejores, sean los mismos Demonios del Infierno: y este profundo conocimiento no causa desconfianza, antes produce amor para con su Criador; y así queda anegada el Alma en aquel Mar inmenso de la Bondad, Misericordia, y Amor sin suelo de Nuestro Gran Dios, para con sus criaturas, muriendo por amarle, y por padecer por quien tanto padeció por nuestro amor.

## XX. Recibe dos favores del Señor, y tiene grandes batallas con los Demonios.

En la Octava de los Inocentes [246] deste año de mil y seiscientos y treinta y uno, andando con grandes temores, viendo la que soy, me parecía de mí que era Cristiana fingida y una engañadora, y que no tenía más de apariencia de virtud, y que engañaba a mi Confesor.

Estando en estos temores, se me apareció Cristo Nuestro Señor, metido en una Nube. Díjome: ¿Por qué temes de mi bondad? ¿Pues yo me dejé Sacramentado en cosa de tan poco valor? ¿Qué no morí yo por aquel Pan, sino es por ti, que me costaste tanto? Y en presencia de este Señor, apareció una piedra grosera, [247] de color de ceniza, y en ella estaba un Reloj de Sol [248*], con un continuo movimiento, que de los rayos, como de un Sol, que salían de Cristo Señor Nuestro, reverberaban en él y le hacían muy precioso, y más admirable, cuanto el engaste era más grosero. Y volviéndome a hablar Cristo Nuestro

---

246 *Octava de los Inocentes*. la semana que comienza con el 28 de diciembre. El *Diccionario de Autoridades* define una octava como «Espacio de ocho días, durante los cuales celebra la Iglesia la festividad de algún Santo, o fiesta solemne de Christo Señor Nuestro, u de su Madre Santísima...» (V: 16). Los Inocentes o Santos Inocentes son los niños menores de dos años que fueron masacrados por órdenes del Rey Herodes en su intento por eliminar al niño Jesús. El Día de los Inocentes se celebra el 28 de diciembre.

247 *Grosera*: tosca, sin pulir (en este contexto).

248 * Nota de Alonso de Villerino en el texto original: El que se compare la criatura racional al Reloj es comparación muy usada en los Santos. Así lo refiere Novarino en el t[ratad]o 5 de sus obras, lib. 9. cap. 6n. 136. que usó desta San Cipriano, comprando las ruedas que tiene el Reloj a las que son necesarias para la vida humana: y como el Reloj no anda concertado si no tiene sus pesas, tampoco el hombre, si no es con los trabajos, y tribulaciones. Las palabras de S. Cipriano se pueden leer en el dicho autor. De la mesma comparción usa en el lib. 10 cap. 19. num 106 citando a N[uestro] Santo Tomás de Villanueva, de que como el Reloj siempre anda hasta que las pesas tocan en la tierra, así el hombre ha de caminar en Fe y doctrina Evangélica, hasta que el cuerpo, y sus sentidos, que son las pesas de racional Reloj, llegan a la sepultura. También refiere las palabras de N[uestro]. Santo.

Y en el lib. 112 cap.3 num 19. citando a S[an]. Francisco Sales, hace la comparación de que como el Reloj, para andar dando las horas, ha menester que vayan bajando a la tierra unas pesas y otras subiendo, así también en el hombre todas las veces que más se humillare para las cosas del Mundo, se hallará más alto para las espirituales».

Señor, me dijo: Tú eres mi Reloj. Díjome estas palabras con sumo gozo, y alegría, y desapareció, dejándome grandemente admirada de ver tanta bondad derramarse sobre una criatura, que no merece la tierra que pisa, por haberla mi Señor criado. Quedé con gran deseo de alabar a su Majestad; y para esto llamaba a todas las criaturas del Cielo, y de la tierra, que lo hiciesen por mí. Aquí son grandes los deseos de padecer, y sólo el Señor, que los da, puede declararlos.

En este mismo tiempo, que andaba con estas ansias, dentro de dos o tres días me hallé una mañana, estando en Oración, con un profundo recogimiento; y en él me dio Nuestro Señor a conocer la inmensa Caridad de Dios Padre, que sí se dignó de dar a su benditísimo Hijo por unas criaturas tan ingratas, y desagradecidas a misericordias tan inmensas. Y estando anegada en este Mar de Amor, bajó el Espíritu Santo, metido en un fuego, y con grande vehemencia me arrebató, y me transformó en sí mismo, quedando yo hecha un Dios por gracia, como él lo es por naturaleza; [249] y derramó con grande abundancia, y amor, grandes Dones sobre las Religiosas de este Convento; y díjome el Señor, teniéndome transformada en sí: Ves ahí, que te doy cuanto me has pedido para tus Hermanas.

Había pedido yo a Nuestro Señor que a cada una diese una abrasada Caridad, y una profunda humildad, con gran pureza de corazón, perfecta mansedumbre, acompañada de una gran fortaleza, Fe viva, y Esperanza cierta, y que no se condenase ninguna de este convento, [250] * ahora, ni en ningún tiempo: y aunque esta Misericordia me la había concedido Nuestro Señor en otra ocasión, aquí me la volvió a confirmar.

---

249 *Me transformó en sí mismo*; otra vez se refiere Inés aquí al estado de unión mística del alma con Dios.

250 * Nota de Alonso de Villerino en el texto original: el decir que había pedido que no se condenase ninguna Religiosa de aquel convento, ni ahora, ni nunca, y que esta merced se la había concedido en otra ocasión no se ha de entender que fue merced determinada con sus infalibles Decretos, sino es sólo según las causas estaban dispuestas o pueden estarlo a los medios para merecer. Deste modo se profetizan muchas cosas que después no suceden: y ésta se llama profecía de presciencia, a distinción de la profecía que es de predestinación que cual como se funda en la voluntad Divina y en sus Decretos, siempre se cumple, como enseñan los Teólogos, con Santo Tomás [...] Y en las disputadas en la cuestión 12 *De Veritate*, en el art[ículo] 10. Y esta diferencia de Profecías, aunque no en términos tan Escolásticos, también la enseña el Abulense, sobre el 4. de los Reyes [...] Y así como Dios revela muchas cosas a los Profetas, que no suceden porque sólo las revela según que las conoce en orden y disposición de las causas, y no según que las tiene determinadas en sus Decretos; sin que en este modo de revelar engañe ni pueda engañar.» «El Abulense» es Alonso de Madrigal, conocido también como «El Tostado», obispo y escritor español (1400-1455).

También le había rogado por toda su Iglesia, y suplicándole aumentase su Santa Fe en toda la Cristiandad; y particularmente le supliqué aumentase todas las Sagradas Religiones: y esta misericordia, que su Majestad me hizo, me parece sería en un cuarto de hora.

Quedé tan anegada en este Abismo de Nuestro Señor, que en tres días no pude pensar en otra cosa. Renovaronse las ansias de padecer, y tomara de muy buena gana ser azotada por todas las calles del Mundo, [251] y que todas las criaturas ejercitaran contra mí todas sus fuerzas; con tal que todas le conocieran y amaran.

Después de estos tres días, me dejó Nuestro Señor tan desamparada, y con tan terribles tentaciones de blasfemias contra Dios Nuestro Señor, y tan perseguida de los Demonios, días, y noches, que las pasaba casi todas en vela: Y aunque tenía harta necesidad de descansar, no me daban lugar para ello; porque eran tales y tan porfiadas sus batallas que aún para invocar al Dulcísimo Nombre de Jesús era menester fuerzas. Mas en medio de estas peleas, me tenía mi Señor con mucha resignación (a mi parecer) en su Divina voluntad; y así me ofrecía a hacer, y padecer, todo lo que su Majestad por bien tuviese.

Una noche, entre otras, tuve por cierto que los Demonios tenían licencia de mi Señor para llevarme en cuerpo, y Alma no al Infierno sino es a alguna región muy apartada, como desterrada; y que en aquella soledad y desamparo me purificase Nuestro Señor por aquéllos sus Ministros. Yo lo acepté con mucha voluntad, y abracé a mi Dios y Señor en mi corazón, y les dije: Vamos, que aparejada [252] estoy, para obedecer a mi Señor en todo lo que quisiere: y haciendo un acto de Fe, y Resignación, estando con esta indiferencia, se fueron los Demonios. Dejáronme bien cansada, y pude reposar un poco. Duraron estos trabajos casi tres semanas: y es más lo que no se sabe decir que lo que se dice, y aún hoy duran; duren lo que mi Señor quisiere, como de culpas me libre su misericordia.

---

251 *Ser azotada por todas las calles del Mundo*. Aquí alude Inés a la costumbre de castigar a los delincuentes haciéndolos desfilar por las calles mientras eran azotados con un látigo. Inés reafirma aquí su amor a Cristo, declarándose capaz de sufrir dolor físico y exponerse a la vergüenza pública por Él.

252 *Aparejada*: lista, preparada

## XXI. Pide por todas las Religiones. De la suya, le dice el Señor que es el Río de los deleites Espirituales.[253]

Después de haber cumplido con la obediencia, escribiendo hasta aquí lo que he podido, renovó Nuestro Señor en mi corazón grandes afectos de amor suyo y nuevos deseos de comenzar a servirle con todas mis fuerzas. Estando una mañana en presencia del Santísimo Sacramento, con un recogimiento grande, me embistió un rayo de Luz Eterna, de conocimiento de su inmensa Caridad, y Bondad: y haciendo Actos de Fe, y Esperanza, y deseando tender las velas [254] de los deseos encendidos, que el Señor enviaba a una criatura tan vil, con que abrasaba mi corazón, incitándole a pedirle le conociesen muchos; particularmente las Santas Religiones, le supliqué, que ésta de Nuestro Padre San Agustín se dilatase [255] hasta los Infieles; y que con su Doctrina los convirtiese a Nuestra Santa Fe: y en lo secreto de mi corazón, me dijo Nuestro Señor estas palabras: Tu Religión es el río de los bienes Espirituales; [256*] y así hará los efectos en las Almas que hace el río en toda la tierra. Y como el Señor me hiciese grandes promesas acerca de mi Religión, que no son para decir, por exceder a mi

---

253 *Las Religiones*: las órdenes religiosas católicas; aquí, «religiones» no ha de entenderse como referencia a distintas creencias religiosas no cristianas.

254 *Tender las velas* Aquí se refiere a abrir o extender las velas de un barco (metafóricamente).

255 *Dilatar*: extender (en este contexto)

256 * Nota de Alonso de Villerino en el texto original: El que la dijese que la Religión de N[uestro] P[adre] S[an] Augustín es el Río de los deleites Espirituales, se puede comprobar con la Profecía del Abad Joaquín en la 4 part. de la Explicación sobre el Apocal[ipsis] al cap. 14 donde dice Levántase una Orden, que parece nueva y no lo es, vestidos con Hábitos negros, y ceñidos con Correa por encima del Hábito. Estos crecerán y su fama se divulgará y predicarán la Fe, la cual defenderán hasta el fin del Mundo, en el Espíritu de Elías, (imitando su Espíritu) el cual será Orden de Ermitaños, que imitarán la vida de los Ángeles, y su vida será como un fuego que arde en amor y del de Dios para quemar los abrojos y espinas que es lo mesmo que para consumir y extinguir la perniciosa vida de los malos para que en adelante no usen mal de la paciencia de Dios. Esta mesma Doctrina vuelve a repetir, después de haber hablado de la vida Monacal [vida de monje o fraile], a distinción de la Eremítica [vida de ermitaño], el mismo Abad, en el cap. 12 del Apocalipsis, según dice Nuestro Maestro Fray Pedro del Campo 1. par[te] de la *Historia General*, lib. 3, cap. 6 fol. 374. Llama a los augustinos Hijos de la Virgen; y dice que esta Señora es Patrona y Madre de Nuestra Religión. Y el Padre Alonso de Andrade, de la compañía de Jesús, en la Primera parte de su *Itinerario Historial* [...] dice lo mismo.

Luego si es Madre y Patrona de Nuestra Religión, proporcionadamente se le dijo a la Madre Inés, que es Nuestra Religión el Río de los deleites Espirituales; pues, que de tal Vena, y Fuente de Gracia, proporcionado es que pueda salir tal Río.»

capacidad; hice al Señor una pregunta: porque su benignidad, y mansedumbre me daba (sic) ánimo para que le pidiese mercedes: Señor mío, si mi Religión es el río, ¿yo, qué tengo de ser? Calló el Señor un poco, y miróme con mansedumbre. Volví a hacerle la misma pregunta; porque como tenía tan gran deseo de darle muchas Almas, estaba con grandes ansias de que me tomase por instrumento, para que todos le conociesen, y amasen, aunque me costara todas las penas del Mundo. Díjome Nuestro Señor: Tú eres la Puente[257] y por ti han de pasar de esta miserable vida, a la Eterna y Bienaventurada paz. Aquí me comunicó el Señor grandes secretos, y los selló en mi corazón. Por todo sea este amable Señor engrandecido de todas las criaturas del Cielo y de la tierra como ésta, la más indigna, se lo suplica, por su preciosa Pasión, y muerte.

Pocos días antes de la Festividad del Nacimiento del Glorioso San Juan Bautista,[258] en este presente año de mil y seiscientos y treinta y dos, estando muy divertida,[259] sin poder pensar cosa buena, por estar anegada en un abismo de miserias adoré en fe a mi Señor Trino y Uno, y le reverencié, y amé. Estando en esta adoración, postrada en tierra me dio un vuelo de espíritu, y fui arrebatada con la presteza que cae un rayo del Cielo. Fui anegada en la Fuente de vida, bebiendo de aquella agua; y me comunicó con ella tan inmensos secretos, que no caben dentro de explicación humana; porque goza aquí el Alma de un bien tan Soberano, que excede a toda humana capacidad.

En la Octava del Esclarecido Mártir San Lorenzo [260] deste presente Año de mil y seiscientos y treinta y tres, me hallé tan llena de ignorancias, miserias, e ingratitudes, que me admiraba estuviesen los Infiernos sin mí; y con gran dolor de mi corazón, no osaba levantar los ojos al Cielo, y aun de pisar la tierra me hallaba indigna. Díjele a Nuestro Dios, y Señor: ¿Cuándo, Sumo Bien mío, Suma Bondad, y Paciencia, habéis de dar fin a mis males? De los trapos viejos se hacen las hilas [261] para curar los pobres y llagados.[262] Hacedme este favor, que sirva yo de algo para los pecadores, siéndoles ejemplo; y conozca todo el Mundo vuestro corazón generoso, y caiga sobre mí todo el

257 *La puente*: el sustantivo «puente» en la época puede ser femenino o masculino.

258 El nacimiento de San Juan Bautista, primo de Jesús, se celebra el 24 de junio.

259 *Divertida*: distraída, con la atención distraída.

260 La festividad de San Lorenzo se celebra el 10 de agosto.

261 *Hilas:* vendas para poner en las heridas.

262 *Llagados*: heridos; gente con heridas o llagas.

rigor de vuestra Justicia, con tal que seamos amigos; y vea yo vuestra Cara, para no os ofender más. Tomé un medio por remedio, y fue llamar a las puertas de la Misericordia como una Leprosa, para ser curada de tantos males como tenía mi alma tan asquerosa. Llamaba, como a Supremo Rey, al Señor, para que se compadeciese desta pobre Alma, deseosa de servirle, y amarle, y de toda la Cristiandad.

Mostróseme el Señor, como un Juez rectísimo; y estaba oyendo mis gemidos y clamores. No se me mostró severo, ni tampoco benigno, sino es muy entero, estando muy atento a los gemidos de mi corazón, como un Presidente [263] cuando está oyendo a un Relator[264] en un negocio de mucha importancia. Dejóme así, sin decirme nada. Yo quedé muy codiciosa de volver a las puertas de la Misericordia, sin apartarme hasta alcanzar despacho,[265] con perdón para los que están en pecado mortal: y que este Señor mirase a España con ojos de clemencia; que dé su luz a nuestro Rey Felipe, [266] y a todos los que gobiernan en sus Consejos: y que aumentase la Fe, para que no nos confundan tantos castigos como nos amenazan, y merecen nuestras ingratitudes. Esto me quitaba la comida y el sueño, que casi se me pasaban las noches en vela con unas fuertes calenturas días y noches. Harto me corro de hacer caso de cosas tan pequeñas; mas como son Dones de Dios, los estimo más que si pisara el Cielo; y quiero más padecer, que reinar.

Otro día, estando bien descuidada de mí, y de todo lo criado, más deseosa de hacer la voluntad Divina, vi a Nuestro Señor cerca de mí, muy afable, y benigno. Comunicóme grandes favores, diciéndome: Inés mía, qué me pides; que todo lo que quisieres te daré, que a esto vengo, a llenar tus deseos, hasta que rebosen, y se derramen sobre la tierra. Yo le tomé las manos para besárselas y darle las gracias, tan cumplidas como él las merece. Y por no ser posible en mi cortedad, le ofrecí las suyas propias, que él se da a sí mismo; y quisiera ser Dios, para corresponder a tan grande amor del mismo Dios, como se me comunicaba: mas gocéme sumamente de que él lo fuese; y asiéndome de sus brazos fuertemente, daba saltos de placer; porque eran tales los júbilos del corazón, que me hacía hacer estos excesos. Mi Salvador, y Redentor Jesucristo mostraba tanto gozo, que se conocía bien los re-

---

263 *Presidente*: el que preside un tribunal, consejo o junta.

264 *Relator*: la persona en un tribunal que explica o relata el caso.

265 *Alcanzar despacho*: lograr la resolución (del asunto).

266 *Nuestro Rey Felipe*. Ya que, según especifica Inés más adelante, este texto se escribió entre 1627 y 1634, se trata de Felipe IV (1605-1665), rey del imperio español entre 1621 y 1665.

galos que tiene con los hijos de los hombres. Pues si esto hace con una tan vil criatura, ¿qué hará con sus fieles Siervos? El Cielo y la tierra le bendigan, y todo lo criado. Amén.

La víspera de la Asunción de la Esclarecida Princesa de los Cielos, y la tierra, la Virgen María, Nuestra Señora, Madre de Dios, [267] estando en Oración la presenté a la Santísima Trinidad, con todos sus merecimientos, por todo el género humano, como Abogada de los pecadores: y confiadamente me dejé en sus manos preciosísimas, para que hiciese las paces con mi Señor el Dulcísimo Jesús: y como tan pronta para cumplir los deseos de sus Siervos vino a mí, la más pobre de todos ellos, cargado de Dones que traía en sus preciosísimas manos. Díjome con grande amor: ¿Qué me pides, Inés mía? que todo te lo daré. Yo, llena de confusión, y vergüenza, no osaba mirarle, y no le pedí nada, dejándome en su Santísima voluntad: y dióme todos los Dones que traía, diciéndome con dulces palabras: Abre esas manos, que te las quiero llenar de misericordias, y darte graciosamente mis Divinos Dones. Abrí al punto las manos, y se las puse aparejadas; y manos y brazos me llenó cuanto yo podía sustentar. Quedóme el corazón tan Endiosado, y tan Abismado de amor, [268] que como un mar de Amor, no me cabía en el pecho; con unas ansias de Dios, que salí fuera de mí. Fue necesario dejar la Oración. Quise salir por los Claustros a dar voces y gritos a Dios mi bien, y decía: ¡Ay Dios! y con cada palabra iba una saeta derecha al corazón, que parecía me la clavaba, y le dejaba muy herido de su Divino Amor. [269] En él vea yo abrasados todos los mortales, para que sea destruido el Reino del

267 *Víspera de la Asunción de la Virgen.* La festividad de la Asunción de la Virgen María se celebra el 15 de agosto. Por los tanto, la víspera es el día 14 de agosto.

268 *Endiosado y Abismado.* Obsérvese aquí la creatividad lingüística de Inés, ya que crea adjetivos derivados de los sustantivos «Dios» y «Abismo» para describir su corazón y expresar así la unión mística de su alma con la Divinidad como transformación en Dios y en abismo, o profundidad inexplicable, de amor en este caso.

269 Aquí hay ecos de la que ha llegado a ser una de las imágenes más conocidas del *Libro de la Vida* de Santa Teresa de Ávila. En el capítulo 29, apartado 10 del *Libro de la Vida*, Teresa describe el dolor y el placer de sentir su cuerpo atravesado por una flecha del amor de Dios, afirmando que

> hincan una saeta [flecha] en lo más vivo del corazón y las entrañas a las veces, que no sabe el alma qué ha [qué ocurre] ni qué quiere. Bien entiende que quiere a Dios ... y perdería de buena gana la vida por Él. No se puede encarecer ni decir el modo con que llaga [hiere] Dios el alma, y la grandísima pena que da, que la hace no saber de sí; mas es esta pena tan sabrosa, que no hay deleite en la vida que más contento dé.

Más adelante, esta imagen se difundiría ampliamente también en las artes visuales a través de la escultura de Gian Lorenzo Bernini (1598-1680), *El éxtasis de Santa Teresa* (c. 1644).

pecado, y mi Señor reverenciado y servido de todas las Almas, que tanto le costaron, pues tan digno es de que todas le amen, como a su Criador y Sumo Bien.

## XXII. Padece desamparos y tentaciones

Desde el tiempo dicho de la Fiesta de la Asunción de la Reina de los Cielos y tierra hasta la Octava de la Natividad desta esclarecida Señora mía [270], pasé con grandes tinieblas, y desamparos, y con fuertes tentaciones de nuestro enemigo; y juntamente con recias calenturas días y noches. Dábame el Señor con esto grande conformidad con su voluntad Santísima. Dábale las gracias por uno y por otro, y le decía: Gustad Vos, y padezca yo, y dure por vuestra Eternidad, si vos queréis, con tal que seamos amigos. Mi ganancia es teneros contento, y vuestros Dones sean para vuestros amigos, y también para los que no os conocen. En medio de estos desamparos, me venían unas ansias grandes de Dios Nuestro Bien, acompañadas de una gran compasión de todo el género humano, por ver no conocen a este Señor tan benigno, con dolor de que estén tan ciegos e ignorantes. Los que se tienen por ricos y Sabios, me parece son como los topos, que no tienen ojos y andan haciendo siempre hoyos en la tierra, y sumiéndose en el agua rebalsada. Suplicaba a Dios Nuestro Bien que los abriese los ojos del Alma, como abrió los del Glorioso Pablo, y los de mi gran P[adre]. S[an]. Agustín [271].

En esta Octava de Nuestra Señora me fui con estos deseos confiadamente a la Santísima Trinidad y dije: Ea Rey, pues os ha nacido tal Hija, y tal Señora Nuestra, hacednos misericordias de ese pecho tan liberal; y conozca el Mundo, que sois quien sois. En nombre de todo el género humano os vengo a pedir mercedes. Todos los tengo en mi

---

270 Se refiere aquí Inés a un intervalo de unos cinco meses y medio, entre finales de marzo y principios de septiembre. La festividad de la Anunciación, que conmemora cuando el ángel Gabriel le comunicó a la Virgen María que sería madre del Hijo de Dios, se celebra el 25 de marzo. La Natividad (o nacimiento) de la Virgen María se celebra el 8 de septiembre.

271 *El glorioso Pablo y mi gran P[adre] S[an] Agustín.*Aquí se refiere Inés al episodio bíblico de la conversión de San Pablo, narrada en el libro de los Hechos de los Apóstoles 9:1-22. También alude a la conversión del santo patrón de la orden religiosa de las monjas Agustinas Recoletas, que narra San Agustín en su texto autobiográfico, las *Confesiones*.

corazón, y os los presento ante el Trono de Vuestra Divina Majestad, con el amor y reverencia con que os adoran los bienaventurados. Dejaos, Señor, amar, pues sois tan digno de amor.

Haciendo estas Peticiones, me llegué a recibir el Divino Sacramento; y para negociar sin embarazo con Cristo Nuestro Bien, me retiré a un lugar solo: teniendo a su Majestad en mi pecho, me hallé en un gran recogimiento. Parecióme que Nuestro Señor Jesucristo hizo de mí un robo, y que estaba obrando en mí con sus preciosas manos; aunque no me dio a entender lo que obraba. Parecíame me tomaba las entrañas, y que las llevaba al Padre Eterno, y a mí con ellas. Halléme en el Cielo, en presencia de la Santísima Trinidad [272]*, y a mi lado Cristo Nuestro Señor, que me dijo: Pisa ese Cielo. Mostróme toda la Corte Celestial. Yo no me divertí [273] en nada; y sin despreciar a ninguno, de nada hice caso, porque sólo en Dios tenía puesta la mira. Infundióme gran Sabiduría el Eterno Padre, y unos Abismos indecibles de sus Atributos, de su Poder, Saber, y Bondad. Transformóme en sí; y no sé cómo aquí quedé con vida, viéndome anegada en este Mar sin suelo. Paréceme duraría esto media hora. Lo que aquí pasó, no es para escrito, ni para dicho; porque no lo alcanza mi corto caudal. Aquí se puede decir, no sólo de voluntad, sino es de necesidad: mi secreto para mí. Lo que sólo sé es que quedan en las entrañas grandes Abismos de Amor, que con muy callado silencio se vuelven al Mar de donde salieron. Halléme, con dolor, acá en este cuerpo abatido, y lleno de miserias.

Volvíme a recoger, y hallé a Nuestro Señor dentro de mí. Hablóme dulces palabras; y de mi corazón salían unas centellas de fuego, que llegaban a los fines de la tierra. [274]** Y aunque esto me hizo grande ad-

---

272 * Nota de Alonso de Villerino en el texto original: «Cuando dice esta Sierva de Dios aquí y en otras partes que vio la Santísima Trinidad, no se debe entender de la visión intuitiva, que ésta sólo la tienen los Bienaventurados. Y esto mismo se debe entender de lo que de esto dicen estas Siervas del Señor, cuyas vidas se han puesto en este libro.»

273 *Me divertí*: distraje mi atención

274 ** Nota de Alonso de Villerino en el texto original: «Esta visión de las Centellas, se contiene en la Doctrina que refiere Nuestro Erudito Maestro Fr[ay]. Gonzalo de Cervantes, al cap. 3 de la Sabiduría vers. 7. 'Resplandecerán los Justos, y como Centellas correrán por todas partes, el cual lugar, aunque según la común inteligencia se entiende de los cuerpos gloriosos, con los dotes de la agilidad y subtilidad; no obstante, dice N[uestro] Erudito Cervantes, que según San Atanasio en lib. de su *Huida*, San Gregorio, en lib. 33 de los *Morales*, cap. 3 y N[uestro] P[adre] S[an] Augustín en la cuestión 105 del *Libro de las Cuestiones Mixtas*; también se entiende de los Justos, que en esta vida, ya por medio de la persecución que padecen, ya por el celo de la hora de Dios, por todo el Mundo se dilatan, al modo de las Centellas, que nacen del fuego, para resplandores y alumbrar con el resplandor de su Doctrina, y su ejemplo; porque son luz del Mundo, como se dice en el cap. 5 de S. Mateo. Y añade, que según N.P.S. Augustín el resplandor y hermosura de las Centellas se atribuye a los Santos, así en la otra vida».

miración, no quise hacer caso de ello. Halléme a mí hecha un fuego, y de muy mayor estatura de lo que soy; y con gran velocidad iba siguiendo el camino de las centellas, que tengo dicho; al modo que las exhalaciones en tiempo de gran calor, corren de una parte a otra: así llegué a los fines de la tierra con grande vehemencia, echando grandes llamas de ojos, y boca. Esto pasó en espíritu: y en todo, y por todo creo, y confieso lo que tiene Nuestra Santa Madre Iglesia Católica. Este punto he escrito, por mandármelo con especialidad mi Confesor, el Padre Rector de la Compañía de Jesús.

Otra vez, en la Octava de los Santos Apóstoles san Simón y Judas,[275] en este año de mil y seiscientos y treinta y tres, después de haber recibido el divino Sacramento, sobre aquellas palabras, que dicen: *Ponme como sello sobre tu corazón; y como señal sobre su brazo*.[276] [277] * Supliqué al Señor, que se pusiese así sobre mi corazón, pues era todopoderoso, y amoroso, y que obrase en mí el fin para que se quedó Sacramentado, para que él quedase en mí, y yo con él. Halléme en un gran recogimiento, y en él vi a Cristo nuestro Señor, que con grande suavidad derramaba sobre mi alma un fuerte y fervoroso Amor. Tenía en mis manos un incensario de oro, con unas brasas muy encendidas, y con un olor de gran fragancia. Halléme en el Cielo, en la presencia de la Santísima Trinidad; incensé la Cara del Padre Eterno, y luego a todos los Bienaventurados; y dejando el incensario, eché la mano a mi corazón, de donde sacaba muchos puñados de brasas, y las sembraba por el Cielo, al modo que acá siembran rosas en las Fiestas solemnes. De mi boca y ojos salían llamas de fuego, que no quemaban, sino regalaban. En este fuego vea yo abrasados a todos los mortales, para que amen y conozcan a Nuestro Criador. Paréceme que duraría esto como media hora, o tres cuartos. Aquí no obra la criatura sino el Criador. En ella sea adorado mi Señor, amado, y reverenciado, por lo que a mí me sufre, siendo la más vil de todas sus criaturas.

Después que volví en mí, quedé asombrada, y pasmada, y con grandes ansias de que sea nuestro Dios y Señor conocido. Quejábame a su Majestad, y con una fuerte compasión de sus criaturas, le decía:

---

275 *Octava de San Simón y Judas*. La semana del 28 de octubre. San Simón y San Judas Tadeo eran dos de los doce apóstoles de Jesús. Se mencionan siempre juntos en los Evangelios (Mateo 10:4, Marcos 3:18 y Lucas 6:15). La fiesta de los dos juntos se celebra el 28 de octubre.

276 La referencia bíblica es al Cantar de los Cantares 8: 6.

277 * Nota de Alonso de Villerino en el texto original: «Cant[ar de los Cantares] 8» (seguido de la cita bíblica en latín).

Mira Señor, a éstos, que no se conocen; hagamos algo, Señor, Tú, y yo. Toma de mí venganza, cueste lo que costare. Muera yo, porque ellos vivan; y por cada uno de ellos, sean mil vidas llenas de innumerables tormentos.

Aquí me comunicó el Señor tres modos de Oración eficaces y fervorosos. El primero, es ir a Dios Nuestro Bien, y a su presencia, con una fe viva y una Esperanza en su Caridad, vestida de una compasión, y deseo de la salvación de todos, con una ansia entrañable de que todos amen a Dios Nuestro Bien: y así le supliqué las mirase con ojos piadosos. En esta Oración está el Señor muy benigno, y afable, y oye lo que le piden, con entrañas de Padre, con grande gusto, y contento: y se deja derramar aquella su Real condición con amorosos afectos, y los infunde en el Alma, que queda aquí Abismada en un piélago de Amor.

La segunda Oración fue que, vestida mi Alma de compasión, tomé por mi cuenta a todo el género humano, y puesta en la presencia de mi Dios, le dije: ¡Ea Rey Mío! aquí te traigo todas las criaturas, para que hagas alarde de tu gran Bondad. Hásmelos de perdonar todos, pues no pierdes nada de tu casa. Más me puedes dar, que yo te puedo pedir. Los merecimientos de tu Unigénito Hijo presento, y los de su santísima Madre, y los de todos los Santos, y por el Santísimo Sacramento, que toda la tierra te adore, y confiese. En estas Peticiones se me mostró el Señor como un Juez muy recto.

El tercer modo de Oración fue hallarme vestida de una grande fortaleza, y con ella me puse en la presencia de Nuestro Señor, y le dije: Ea Señor, una de dos, o borrarme del libro de la vida, o perdonarme a éstos; que como sois Eterno, que no me tengo de apartar de aquí, hasta que me los perdonéis. Esto pedí al Señor, fiada de su palabra, que nos dijo: Pedid, y recibiréis. Aquí quedan en silencio muchas cosas, que no se pueden, ni saben decir.

## XXIII. DE UN PROFUNDO PROPIO CONOCIMIENTO. SUBE A UNA ALTA CONTEMPLACIÓN, Y PELEAS CON LOS DEMONIOS

A Catorce de Noviembre de este año de mil y seiscientos y treinta y tres, estando esta noche en presencia del Divino Sacramento, avergonzada, y confusa de ver mi tibieza; y considerando la reverencia, y amor con que los Bienaventurados asisten a las alabanzas de Nuestro Dios, llena mi Alma de dolor, y derramando lágrimas, por verme tan miserable, dije al Señor: ¿Cómo, Señor mío, están los Infiernos vacíos sin mí? Y ¿cómo, siendo tan abominable, me atrevo a estar en tu Real presencia, viéndote tan humilde en esa pequeña Custodia? ¿De qué te puede servir esta vil araña? [278] ¡O quién pudiera servirte en algo! Pluguiera a ti, que hubiera yo padecido millares de muertes, antes que haberte hecho una mínima ofensa. Más quisiera no haber nacido que haber tenido atrevimiento para tanto mal. ¡Qué desdichada fue la hora en que te ofendí! Séanme, Señor, perdonadas mis culpas pasadas; que aunque sea más negra que el carbón, me arrojo a tus Divinos Pies, donde tantos pecadores han hallado remedio, pues en los pedernales tienes lumbre escondida, ves aquí esta piedra, tócala con la mano de tu poder.

Aquí me infundió Nuestro Señor un grande recogimiento, y me hallé en una altísima contemplación, donde estuve enajenada, y anegada en un mar de deleites. Llegué a una fuente muy cristalina, de la cual salían tres golpes de agua: no era mayor uno que otro; todos tres eran iguales: y saliendo distintos de la dicha fuente, se juntaban en uno, y se volvían a la misma fuente: en que se me dio a entender el Misterio de la Divinísima Trinidad, y cómo esta Fuente era Dios, sin principio, *ab Eterno* [279], Trino y Uno. Esta Fuente Divina, por un modo admirable se me mostró, cómo regaba la Iglesia Santa Militante. Después de haber pasado esto, se me mostraron unas moradas muy espaciosas, y entrando en ellas, me hallé con Ciencia infusa, [280] y gran

---

278 *Vil araña*. Se refiere Inés a sí misma, menospreciándose en señal de humildad.

279 *ab eterno* (o *abeterno*). Expresión en latín, usada comúnmente en el discurso religioso de la época, que significa «desde la eternidad».

280 *ciencia infusa*: conocimiento recibido directamente de Dios por inspiración divina. Se contrasta con la ciencia adquirida o el conocimiento que se consigue por medio del estudio y la observación. En las moradas o habitaciones que visita Inés durante su viaje místico hay ecos de las experiencias que narra Teresa de Ávila en su tratado de mística conocido como *El castillo interior* o *Las moradas*.

pureza, y Sabiduría, y un trato muy familiar, como de una estrecha amistad con Nuestro Dios, y Señor.

En este mismo Mes vi a Nuestra Señora con gran benignidad, y alegría. Traía al Niño Jesús en sus brazos, vestido de Sacerdote, con tres órdenes de azucenas, que le hermoseaban la vestidura. Acogiéndome a la Fe, dije a Nuestra Señora: Perdonadme Señora Mía, que a la Fe me acojo; porque me enseña grandes cosas. Recogíme a lo profundo de mi alma a amar y reverenciar a Dios Trino, y Uno, en quien gocé de una paz, que excede a todo sentido.

Vi luego una piara de puercos muy negros; iban gruñendo entre sí, y amenazaban a este Convento; porque tenían grande enojo con él: yo los desprecié, haciendo burla de ellos, como si fueran moscas o mosquitos.

El día de San Nicolás Obispo, [281] tuve un gran recogimiento, y en él me hizo Nuestro Señor grandes misericordias, dándome mucha entrada a un familiar trato con su Majestad. Yo, confiada en su gran liberalidad, le pedí por todo el género humano. Decíale: ¡Ea Rey! hagamos algo. Usad, Señor, de vuestra liberalidad. Mirad, que no os conocen, y por eso no os aman. Mirad, Dios mío, que son criaturas vuestras: y traspasado mi corazón con las saetas del Amor Divino, y de la gran confianza que su Majestad me infundía, extendí los brazos de la Caridad, y abrazándolos a todos con Fe viva, me entré por las Entrañas de Dios, mi Bien. Quedé enajenada de los sentidos, y decía: Señor, ¿qué vida es ésta? Es muerte porque yo no vivo en mí sino es en vos, que sois verdadera Vida. Quedé con tal desfallecimiento, que cierto entendí me moría.

La víspera de la Purísima Concepción [282], me hallé en un gran recogimiento, que me duró casi toda la noche. Tirábanme unos dardos al corazón. Paréceme fueron tres, que con cada uno quedaba más enferma de amor de Dios: y así me quejaba, como si tuviera un grande mal; era tan crecido el conocimiento que el Señor me daba de sí mismo, que me atravesaba las entrañas. Fui arrebatada a la Divina presencia de mi Dios Trino, y Uno. Mirábame con grande amor. Yo

---

281 El Día de San Nicolás, obispo de Myra y de Bari, es el 6 de diciembre.

282 La víspera de la Purísima Concepción es el 7 de diciembre. La Purísima Concepción o la Inmaculada Concepción de María se celebra tradicionalmente el 8 de diciembre. En la época de Inés de la Encarnación, esta fiesta religiosa ya se celebraba, aunque el concepto de la Inmaculada Concepción de María (la idea de que María nació sin pecado original) no se convirtió en dogma oficial de la Iglesia Católica hasta 1854.

toda transformada en Él, mostraba con grande afecto lo que le quería. Tenía grandes júbilos de ver que Dios era mi Dios, y que yo era suya. Comencé a bailar, y danzar con grande reverencia, al modo, que en la Octava del Corpus lo suelen hacer los Danzantes, en presencia del Divino Sacramento [283] y salté tres veces, al gusto de Nuestro Señor: y esto digo tan claro por obedecer, que harta vergüenza me cuesta.

Por estar muy mala días ha, con calentura continua, me mandaron acostar temprano la noche de Santa Leocadia.[284] Oí gran ruido por la casa, y como se guarda tanto silencio, hízome novedad. Juzgué, que estaba alguna Religiosa muy mala: mas entre las doce, y una de la noche, oí grandes risadas, y mucho sarao [285] junto a nuestra Celda. Hablaban como muchos hombres juntos. Túvelos por Ladrones (que por estar muy sorda, no distinguía lo que fuese) que venían a robar el Convento. Temí que matasen a las Religiosas; y muy lastimada, comencé a orar, con grande aflicción: y en un instante entraron en nuestra Celda, con gran ruido: como uno traía luz, conocí eran Demonios: con que quedé muy consolada; porque a ellos no los temo. Levantaron la ropa, para sacarme de la cama. Tuve por cierto traían licencia de Nuestro Señor para llevarme, no al Infierno, sino a alguna región muy apartada, adonde me pudieran poner de su mano, por tenerlo tan bien merecido. Hice un Acto de resignación en la voluntad divina, y abracé de buena gana cualquier dolor, y desamparo. Todo esto fue con gran presteza; porque era mucha la priesa que tenían de ejecutar su rabia. Acogíme a la Fe con gran valor, y llamando a Nuestro Señor, y a Nuestra Señora, invocando el dulcísimo Nombre de Jesús, estuvimos en batalla hasta cerca de las dos. Estuve en Oración toda la noche, harto atribulada. A las tres volvieron de refresco, aunque esta segunda vez no duraron tanto en su porfía. Quedé muy cansada, y fatigada la cabeza. Era grande la multitud de estos Demonios, y fuéronse con mucho enojo, y ruido.

La noche de los Reyes deste presente año de mil y seiscientos y

---

283 En la época, la festividad de Corpus Christi o el Cuerpo de Cristo, que celebra la presencia de Cristo en la hostia consagrada, tenía lugar en el mes de mayo o junio, el jueves de la novena semana después del Domingo de Pascua. Aquí Inés se refiere a la costumbre de organizar procesiones religiosas con bailarines, o danzantes, para celebrar la fiesta del Corpus y compara ella sus propios bailes ante la presencia de Dios en la hostia con los que hacían estos bailarines.

284 *Noche de Santa Leocadia*. La festividad de Santa Leocadia es el 9 de diciembre.

285 *Sarao*: reunión con música y baile entre gente de clase social alta; aquí es sinónimo de barullo o bulla

treinta y cuatro [286], habiendo estado en la presencia del Divino Sacramento, y con gran falta de salud, me hizo Nuestro Señor una gran misericordia. Estuve en el Coro con mucho consuelo de mi alma, y salí con gran recogimiento. En él tuve al Niño Jesús sentado en mi regazo. Mostróme su Majestad gran contento. Tenía puestos los ojos en su Santísima Madre. La Soberana Virgen se gozaba de ver a su Hijo tan alegre; y por no me le quitar, y dejar sin él, nos sentó a entrambos en su regazo y estando así un rato, desaparecieron, dejándome con grandes afectos de su Divino Amor. Andaba en esta Octava como fuera de mí, toda anegada en el Mar de la Inmensidad de Dios Nuestro Bien, por verle humanado padecer por los hombres ingratos y desconocidos.

En esta misma Octava, estando en un gran recogimiento, me hallé en un campo muy grande: y aunque le llamo campo, no tenía hierba ninguna; porque sólo veía Cielo, y tierra. El Cielo se me mostraba lleno de llamas de fuego, mas muy apacibles, y fecundas para la tierra. Yo estaba en ella solamente con una túnica blanca, y los pies desnudos sobre un vidrio muy claro. Las manos levantadas al Cielo, adorando a Dios Nuestro Señor Trino y Uno. Todas sus criaturas le bendigan y amen.

## XXIV. Muéstrala Dios el amor que siente a la Recolección

La noche de la Gloriosa Virgen, y Mártir mi Señora Santa Inés,[287] estando dando gracias a la Santísima Trinidad por todas las criaturas, que ha criado, y ha de criar, racionales e irracionales, y tantos cuentos de veces le alaba por cada una de ellas, como todas juntas son; ofreciéronseme estas palabras: ¿Qué piensas que me das en eso, en comparación de lo que me puedes dar? Dentro de mí es la verdadera alabanza.

Quitáronme las palabras de la boca, y fui llevada a un Abismo del

286 *Noche de los Reyes*. La festividad de los Reyes Magos o la Epifanía se celebra el 6 de enero. También se denomina noche de Reyes, a la noche anterior, el 5 de enero.

287 La festividad de Santa Inés, patrona de la narradora, se celebra el 21 de enero.

Ser de Dios. Halléme en sus Divinos Brazos; y aunque digo brazos, no es sino el Saber y Poder de Dios, y en la bodega de los vinos, es donde ordenó el Señor en mí la Caridad. Aquí me comunicaron tantos y tan grandes secretos, que no son decibles, ni aun creíbles, según nuestra cortedad, si no es a quien los recibe. Estuve, a mi parecer, hora y media, gozando de una paz que excede a todo sentido. Dormí, y descansé, porque así lo quiso mi Señor: y en este sueño me comunicó su Divino Ser. [288]* Cuando volví en mí, no sabía si era viva, o muerta; si era tarde, o mañana; si de día, u de noche. Decíame a mí misma: ¿Quién eres? Aquí estuve fuera de todos los sentidos naturales. Poco después que volví en mí, me tornó Nuestro Señor a recoger; no sé qué tanto duró este segundo recogimiento. Sentí gran ruido en la Celda: y a mi entender, fueron los demonios; y como no los tengo ningún temor, estúveme con gran paz. Harto consuelo fuera para mí poder dar a conocer a este Dios Nuestro; y a las promesas que me hizo para sus criaturas.

La Octava del Esclarecido San Guillermo,[289] estando con una gran pena, me dijo el Señor con grande benignidad: ¿Qué temes? ¿No soy yo tu Dios? Dije: Sí Señor, a boca llena lo confieso, que sois mi Señor, y mi Dios. díjome su Majestad: Pues también tú eres mía. Yo soy todo para ti, y tú toda para mí. Pide lo que quisieres, que todo te lo daré. Dije: Señor, amarte con toda perfección, y muera en mí lo que es contrario a ti. Con estas ansias, y deseos fervorosos, me ha dejado el Señor, por sólo su Bondad y muy consolada, por ver el amor grande que me mostró tener a esta Casa y a toda Nuestra Sagrada Religión. Y algunas veces, y aun muchas me lo ha dado Nuestro Señor a entender: y con un amor, lleno de su Majestad, Grandeza, y Benignidad, me ha dicho: ¿No basta, que tú me lo pidas? Para mí, eso basta, que tú lo quieras. Con harta confusión, y vergüenza digo esto; por obedecer a quien me lo mandó, lo hago.

El día del Santo Ángel Custodio [290], estando el Divino Sacramento descubierto, y yo muy desfallecida, me quejé a Nuestro Señor, y le dije: Rey mío, y Dios mío, mira esta miserable, que para nada soy de

288 * Nota de Alonso de Villerino en el texto original: «Es decir, que el Señor la comunicó su divino Ser, se debe entender por participación».

289 *Octava de San Guillermo*. La semana de la festividad de San Guillermo. El día de San Guillermo es el 10 de febrero.

290 *Día del Santo Ángel Custodio*: El Ángel Custodio es el ángel de la guarda que protege a cada persona o lugar. Desde 1608, el día dedicado al Ángel Custodio se celebra el 2 de octubre.

provecho. Hablóme el Divino Sacramento con estas palabras: [291*] Ves un gran fuego, y si en él ponen a cocer una olla, si no la ceban con agua, ¿qué sería de la olla? Dije: Señor, asuraríase, [292] y no la podría comer nadie. Dijo el Señor: Pues así tú, si no tomas lo necesario para sustentar tu vida, que te consume la calentura, y te me acabas: mira por tu salud, porque por ti vivo. Díjele: Señor, ¿cómo puede ser eso, que viváis por mí? Que moristeis por mí, firmemente lo creo, y que yo vivo por Vos. Díjome el Señor: ¿Sabes que soy yo Alma de las Almas, y que vivo en ellas? Dije: Sí Señor, a boca llena lo confieso. Juntóme a sí el Señor, enternecíase conmigo, y volvióme a decir: Mira que te me acabas, mira por tu salud. Yo estaba con grandes ansias de hacer penitencias, y de ayunar con todo rigor, si me fuera permitido; mas no me lo conceden, por haber casi dos años que estoy muy enferma. Díjele al Señor, con grande admiración de verle tan compadecido de mí que tal compasión pedían las parrillas de San Lorenzo, y no las picaduras de mosquito que padece Inés. [293]

El Viernes adelante, después de haber Comulgado, me hallé en un gran recogimiento, en presencia de la Santísima Trinidad, sin acto particular de ninguna potencia, que hiciese operación a alguno de los Divinos Atributos. Sólo estaba con reverencia, y amor, bebiendo del Ser de Dios Eterno; y conocí, sin saber cómo, el Misterio de la Santísima Trinidad, y aquel Amor con que el Hijo de Dios se hizo hombre, siendo Palabra Eterna. También se me dio a entender, con un modo que no sé yo declarar, cómo se quedó Sacramentado, y cuánto vale para aplacar a Dios, y satisfacer por nuestras culpas este sacramento. También conocí lo que vale un Acto fervoroso de Amor de Dios, que es más que si se hicieran muchos años de penitencia sin él; y que estima Nuestro Señor en tanto este acto, que aunque no viva más que media hora el pecador que le hiciere, le dará su Majestad la vida eterna.

También me dio a entender el Señor sus Divinos Atributos de

---

291 * Nota de Alonso de Villerino en el texto original: «Cuando dice que la habló el Divino Sacramento, se debe entender que la habló Cristo Nuestro Bien Sacramentado».

292 *Asurarse*: recalentarse y quemarse la comida en la olla por no tener suficiente agua.

293 *Las parrillas de San Lorenzo*. Referencia al martirio de San Lorenzo, un diácono de Roma del Siglo III quien, según la tradición, murió quemado vivo sobre una parrilla. Obsérvese la humildad con la que Inés menosprecia sus propios sufrimientos físicos, comparándolos con unas insignificantes picaduras de mosquito y contrastándolos con la dolorosa forma de muerte de este santo.

Bondad, y de Potencia, y cómo los encamina a algunas personas, para hacerlas grandes en su presencia.

El modo con que el Señor me tiene ahora, son unas fuertes batallas, tentaciones, y desamparos, que no hay palabras para declarar cómo son. Dure lo que durare la vida, que para mí, bien estoy aquí. Sé que sin Dios, nada puedo, y que soy la misma maldad y miseria, merecedora de cualquier tormento y pena. Por todo sea el Señor glorificado de todas sus criaturas, y de mí, que soy el oprobio de todas ellas.

Por ser tan ignorante, y haber pasado tantos años, no va esto con el orden que quisiera. Empezóse a escribir el año de mil y seiscientos y veinte y siete, y se acaba este postrero de mil y seiscientos treinta y cuatro, por haberme vuelto a mandar lo acabase de escribir. Reciba Nuestro Señor mi voluntad, que ha sido, y es de acertar, y obedecer a Vuesa Paternidad,[294] abrazando todo lo que fuere de Cruz y de trabajo.

Esto es lo que he podido decir, según la cortedad de mi entendimiento, y poco discurso. Si algo fuere bueno, será de Dios Nuestro Señor, y por habérmelo mandado la obediencia. Todo lo sujeto a lo que tiene y cree la Santa Madre Iglesia Católica. Y si alguna cosa contraria fuere a esto, será por no lo entender; y así suplico a Vuesa Paternidad, por amor de Nuestro Señor, por quien ha querido tomar este trabajo, lo mire, y lo enmiende, para honra, y gloria de la Santísima Trinidad, de quien espero será el premio pagado a Vuesa Paternidad, todo lo que en esto hiciere.

294 *Vuesa Paternidad*: Fórmula de respeto que usa Inés para dirigirse a su confesor, el sacerdote que le ordenó escribir su relato autobiográfico.

## XXV. De su muerte y una circunstancia que la precedió[295]

Hasta aquí escribió la Venerable Madre las dulzuras que recibió del Señor, y los sinsabores, que le dio el Mundo, que es cuanto tocó al discurso de su gloriosa vida. Sólo falta, para dar cumplimiento cabal a la relación del tiempo que fue viadora [296] hacer mención de su tránsito feliz [297], de las disposiciones que le precedieron, y circunstancias que concurrieron en él.

No se puede dudar que el hacerlo será con gran desigualdad de estilo; pues el con que escribió la Madre es Celestial y conforme a la sinceridad de Alma tan asistida de la gracia y el de su muerte es forzoso se conforme con el Arte del discurso humano.

La noticia de su muerte hallamos escrita por una Religiosa de su Convento, de cuyos escritos tomamos lo que se sigue.

Supo, que había cuatro años [298], que dos niñas pretendían tomar el Hábito en su Convento, y que se les dilataba este consuelo, de que se les había seguido a las pretendientes el daño de perder la salud de pena de no poder conseguir lo que con ansias deseaban. Lo que estorbaba la ejecución de tan santos deseos era el [que a] una de ellas le servía de impedimento de no tener los años que la Constitución [299] dispone que tengan las que han de tomar el Hábito.

---

295 Este tipo de capítulo final, generalmente escrito y añadido por una compañera de convento de la monja autobiógrafa, por el confesor de esta monja o por el editor que publica la obra, es común en muchas autobiografías espirituales femeninas. Obviamente, ya que en el capítulo se describen las circunstancias de la muerte de la monja, su funeral, y posibles acontecimientos sobrenaturales en torno a su muerte, su cuerpo, o sus reliquias, la autobiógrafa no es la autora. Este tipo de capítulo añadido, que suele destacar las virtudes y la santidad de la monja protagonista, viene de la tradición literaria hagiográfica o de vidas de santos. Cabe señalar además que el *Libro de la vida* de Santa Teresa de Ávila—modelo y obra iniciadora del género de la autobiografía espiritual femenina—no contiene este tipo de capítulo final sobre la muerte de la protagonista.

296 *Ser viadora*: estar viva.

297 *Tránsito feliz*. En la literatura de vidas de santos, el tránsito feliz es una expresión eufemística para la muerte, el paso o la transición de la persona de la vida terrenal a la vida eterna en el Cielo. Ya que el término se aplica a la muerte de religiosos de vida espiritual ejemplar y a santos, el fin de su vida en la tierra se describe como un acontecimiento que implica alegría, pues significa la reunión de la persona difunta con Dios.

298 *Había cuatro años*: hoy diríamos hacía cuatro años.

299 *La Constitución*: el documento con las leyes o reglas del convento.

Quebrantaban el corazón de la Madre Inés los estorbos que retardaban los deseos de las niñas de suerte que, con frecuentes Oraciones pedía al Señor el cumplimiento de ellos, pidiéndole con gran confianza en la Oración que no le había de dejar hasta que entrase en el Convento las niñas, que ella no conocía, y sólo por prójimos amaba tanto.

Después de haber repetido esta súplica por tiempo largo, fiada en el poder Divino, que a lo humano bien conoció era imposible lo que pretendía, le dijo a Nuestro Señor en una ocasión, señalándole a otra Religiosa, que por achaques insanables [300] no acudía ya a ningún ejercicio de peso [301]: Señor, a ésta y a mí bien nos podéis llevar, que ya no somos de provecho, para que tengan cumplimiento los deseos destas niñas.

Dentro de dos meses murieron las dos Religiosas, y entraron en las plazas que por ellas vacaron las dos niñas. Ya hubo quien se arrojó a preguntar: ¿Si Dios hubiera de morir, cómo había de morir? Y respondió: Que dejando de hacer bien. Vivió Inés honrando la Familia de Augustino, mientras hizo bien al prójimo; y en llegando ocasión de no poderle hacer, murió. ¡O excelsa Virgen![302] entre las Ínclitas[303], que ilustraron la Recolección, que moristeis como un Dios si Dios hubiera de morir.

El Sábado Santo del año de mil y seiscientos y treinta y cuatro entró la Madre Inés en la Celda de su Prelada; llena de gozo, sería acaso de la fortaleza con que había sembrado en el tiempo Cuaresmal[304] en lágrimas, para coger[305] tan presto en alegrías el consuelo de haber visto el tesón con que las Religiosas habían asistido al rigor de las disciplinas, duración de los Oficios, trabajo [306] de los ayunos, y penalidad de los demás ejercicios de la Semana Santa, y Cuaresma; y la aseguró de que tenía muy seguras prendas[307] de que sería siempre

---

300 *Insanables*: incurables.

301 *Ejercicios de peso*: actividades religiosas comunales de importancia.

302 *¡Oh excelsa Virgen!*. Se refiere aquí a la monja Inés de la Encarnación, no a la Virgen María.

303 *Ínclita*: ilustre, famosa.

304 *El tiempo Cuaresmal*: la Cuaresma (en inglés *Lent*) es el periodo de cuarenta días antes de la celebración de Pascua o la Resurrección de Cristo. La Cuaresma es una época de prácticas religiosas de penitencia y sacrificio para mostrar el arrepentimiento por los pecados.

305 *Coger*: cosechar (en el contexto de la metáfora).

306 *Trabajo*: sufrimiento (en este contexto).

307 *Prendas*: pruebas, evidencia (en este contexto).

aquel Convento muy del agrado de Dios: y después de haberla dado tan feliz anuncio, la dijo a solas otras razones de grande aliento y singular consuelo, con que se despidió.

Estuvo sana los dos días de Pascua primeros, [308] y Comulgó en ellos; el tercero, que se contaron diez y ocho de Abril, le sobrevino un grande frío, a quien se le siguió una recia calentura. Juzgaron que sería efímera,[309] y que no pasaría adelante; con esta confianza la acostaron.

Fuéla a visitar poco después la Priora, y reconoció que la calentura se había aumentado. Mandó que llamasen al Médico, y ordenó el mal era tanto.

Pasó la noche con tantas congojas [310] del cuerpo como dulzuras del Alma, que se conocieron bien, por las Oraciones Jaculatorias [311] que pronunció su bendita boca en todo el discurso [312] de la noche. Estando ya cercano el día, preguntó qué hora era y levantando los ojos al cielo, dijo con gran fervor: Muero por morir de Amor, y tan dulce vida espero que muero porque no muero. [313] Fueron las últimas palabras que pronunciaron sus labios. Antes de decirlas, había dicho otras de grande agradecimiento a la Religiosa que se quedó en su Celda, dándola palabra de pagárselo en la presencia del Señor. Viendo ésta, que así que dijo las palabras referidas se quedó suspensa, y sin hablar, dio cuenta a la Prelada, que mandó llamar a quien la diese los Sacramentos, aunque no la pudieron administrar sino el de la Extrema Unción.[314]

Con que se cumplió lo que dijo a una Religiosa que encontrándola en ocasión que estaba con una calentura que había año y medio que le duraba a la Madre Inés. La dijo esta Religiosa: Cierto Madre Inés

---

308 *Los dos días de Pascua primeros*: los primeros dos días de la semana del Domingo de Pascua o de Resurrección de Cristo.

309 *Sería efímera*: duraría poco.

310 *Congojas*: sufrimientos.

311 *Oraciones Jaculatorias*: oraciones breves y emotivas de amor a Dios para ser expresadas oralmente.

312 *El discurso*: el transcurso, la duración.

313 *Tan dulce vida espero que muero porque no muero*. cita parafraseada de unos de los versos místicos más conocidos de Santa Teresa de Ávila, «Vivo sin vivir en mí / y tan alta vida espero / que muero porque no muero.» Variantes de estos versos eran comunes también en la poesía religiosa de otros autores místicos de la época.

314 *El Sacramento de la Extrema Unción*: Sacramento de la Iglesia Católica administrado a las personas moribundas o que están en peligro de morir y que consiste en ungir (en inglés *to annoint*) a la persona con aceite sagrado. Hoy en día no es solamente para los moribundos sino también para los enfermos y se denomina Unción de los Enfermos.

que me da pena mirar a Vuesa Reverencia, porque según está no parece puede vivir mucho. Respondióla con gran paz: No tengas pena, Hija de mi Alma, que de más provecho te seré en la otra vida que este Mundo: ni pienses que mi muerte ha de ser muerte, sino un dulce sueño.

Sin haber avisado a nadie, concurrieron a su entierro todas las personas de cuenta [315] de aquella Cuidad, y entre ellos, el Excelentísimo Señor conde de Benavente con todos sus hijos; y con grande veneración al cadáver de la Sierva del Señor, pidieron les diesen algo de Hábito, y Velo. Fueron obedecidos, y aseguraron después que habiéndolos aplicado a algunos enfermos, habían mejorado. [316]

A instancia de las Religiosas dio la Prelada licencia para que un Pintor entrase a retratarla, y la retrató de la suerte que la halló en el féretro, habiéndose arrodillado delante della por la fama que se había esparcido de su perfección en aquella Ciudad, y muchas leguas de su contorno.

---

315 *Personas de cuenta*: gente importante.

316 Aquí se ve el fenómeno de la devoción a las reliquias de un santo o una persona con cualidades de santo. Las reliquias podían ser objetos que pertenecieron a un santo—preferentemente objetos que estuvieron en contacto con su cuerpo mientras vivía—o también podían ser partes de su cadáver. Se consideraba que estos objetos tenían poderes milagrosos o curativos. En este caso específico, los pedazos del hábito y el velo de Inés de la Encarnación se consideran reliquias con el poder de curar a los enfermos.

Thank you for acquiring

Vida de la Madre Inés de la Encarnación

from the
**Stockcero collection of Spanish and Latin American significant books of the past and present.**

This book is one of a large and ever-expanding list of titles Stockcero regards as classics of Spanish and Latin American literature, history, economics, and cultural studies. A series of important books are being brought back into print with modern readers and students in mind, and thus including updated footnotes, prefaces, and bibliographies.

We invite you to look for more complete information on our website, **www.stockcero.com**, where you can view a list of titles currently available, as well as those in preparation. On this website, you may register to receive desk copies, view additional information about the books, and suggest titles you would like to see brought back into print. We are most eager to receive these suggestions, and if possible, to discuss them with you. Any comments you wish to make about Stockcero books would be most helpful.

The Stockcero website will also provide access to an increasing number of links to critical articles, libraries, databanks, bibliographies and other materials relating to the texts we are publishing.

By registering on our website, you will allow us to inform you of services and connections that will enhance your reading and teaching of an expanding list of important books.

You may additionally help us improve the way we serve your needs by registering your purchase at:
**http://www.stockcero.com/bookregister.htm**

CPSIA information can be obtained at www.ICGtesting.com
Printed in the USA
LVOW082131230912

299993LV00002B/168/P